ESSAI

SUR

LE RÉGICIDE.

TABLE

DES

FRAGMENS HISTORIQUES

EXTRAITS DE DIVERS AUTEURS.

Pages.

Assassinat de François de Lorraine, duc de Guise, par Poltrot. (*Biographie universelle.*) 87
Assassinat de Henri III par Jacques Clément. (*Biographie universelle.*) 89
Tentative d'assassinat sur la personne de Henri IV par Jean Châtel. (*Biographie universelle.*) 90
Assassinat de Henri IV par Ravaillac (*Perefixe.*) 92
Tentative d'assassinat sur la personne de Louis XV par Damiens. (*Biographie universelle.*) 96
Assassinat de Joseph II, roi de Portugal. (*Voltaire.—Siècle de Louis XV.*) 99
Mort de Kléber. (*Fabrice Labrousse. —Extrait du Conteur.*) 103
Assassinat du duc de Berri. (*Bellard. — Procès de Louvel.*) 109
Attentat de Fieschi sur la personne de Louis-Philippe. (*Auguste Bonjour.*) 117
Résumé du procès d'Alibaud. (*Auguste Bonjour.*) 133
Attentat contre la vie du roi par Meunier. (*Auguste Bonjour.*) 160
Découverte d'un nouveau projet d'attentat contre la vie du roi, et d'une nouvelle machine infernale. (*Auguste Bonjour.*) 167

IMPRIMERIE DE FÉLIX MALTESTE ET Cie, RUE TRAINÉE, 15 ET 17.

ESSAI

SUR

LE RÉGICIDE,

PAR

AUGUSTE BONJOUR,

Avocat à la Cour Royale de Paris.

Chez les Libraires :

DELAUNAY, PALAIS-ROYAL, GALERIE D'ORLÉANS ;

ET WARRÉE AINÉ, PALAIS DE JUSTICE.

PARIS. — 1837.

ESSAI

SUR

LE RÉGICIDE.

Quels sont donc ces hommes qui jouent froidement, comme un coup de dés, leur tête contre la tête d'un souverain et la tranquillité d'une nation tout entière?

Quels sont ces insensés que la vanité, la soif d'une célébrité sanglante, la forfanterie, le désespoir, le dégoût de l'existence, l'instinct du bouleversement, l'esprit d'anarchie, les égaremens de la politique et le fanatisme déterminent à courir au-devant de la mort, tout orgueilleux de lui présenter pour titre un attentat contre une vie royale?

Quels sont ces imposteurs dont les lèvres trouvent encore un sourire ou plutôt une contraction satanique au sortir d'un pareil forfait, et dont le cœur se glorifie de ne pas compter un battement de plus qu'à l'ordinaire?

Si leur main avait frappé une victime vulgaire, en serait-il de même? Quoi! à leurs yeux les rois ne seraient-ils donc plus du domaine sacré de l'humanité? à leurs yeux les rois auraient-ils seuls le privilége de pouvoir être frappés sans crainte, sans remords, sans regrets et sans émotion de la part de leurs assassins?

Pour de pareils frénétiques, le régicide n'est rien qu'une pétition pour l'échafaud, un droit au dernier supplice.

Quelle mine profonde d'analyses et de réflexions! D'où leur vient donc, me suis-je demandé, à quelle source puisent-ils donc cette incompréhensible fermeté, cette raideur si inflexible dans leur attitude et leur langage, ces hommes qui, dans tous les siècles et dans toutes les régions de l'univers, ont attenté à la vie des souverains ? quelle fermeté les inspire et les soutient, tous les régicides de nos jours, devant l'imposant appareil de cette magistrature si forte par son nombre et ses devoirs, devant ces profondes rangées de sénateurs en armes, ce conseil de justice en uniforme de guerre, du haut duquel vient, à coups toujours certains, tomber la sentence de mort sur le front des parricides? par quel secret empire sur eux-mêmes ces criminels hors ligne parviennent-ils à imposer silence aux faiblesses de la nature et aux révoltes du sang devant le rouge instrument du supplice?

Est-ce l'élévation de la victime qu'ils choisissent, qui les oblige à se grandir pour être plus dignes de la frapper? est-ce le sentiment d'une théâtrale forfanterie qui les engage à parader devant une population entière dont ils sont sûrs de provoquer la curiosité, et leur inspire, devant leurs juges, une démarche plus fière, une pose plus romaine, et des réponses plus mâles et plus altières ?

Est-ce la crainte d'une populaire accusation de lâcheté? est-ce le désespoir, ou la conviction de l'inefficacité des formes modestes et attendrissantes devant le châtiment fatal que rien ne peut conjurer, et qu'alors ils préfèrent affronter que subir? est-ce la folie, est-ce l'aveuglement d'une opinion furieuse? est-ce la fièvre d'un cerveau crédule dont on a égaré la faiblesse? est-ce la fausse conviction d'une action noble et utile au pays? est-ce la soif unique d'une célébrité certaine par le péril également certain de la vie? est-ce, enfin, une vile et basse scélératesse salariée qui cherche à se décorer des couleurs d'un dévouement généreux et désintéressé? Il y a de tout cela dans quelques-uns, dans tous, le délire du fanatisme.

J'ai voulu examiner ce genre de parricide sous toutes ses formes, et plonger dans tous les replis de l'âme de ces criminels exceptionnels qui surgissent d'époque en époque, sans que, dans l'attitude et sur le visage des peuples, aucun pronostic avant-coureur de colère puisse faire présager quelque part la fermentation d'une idée de régicide, sans qu'aucun soupçon, aucune recherche de la plus adroite surveillance puissent en deviner et saisir la trame.

J'ai voulu expliquer ces inconciliables contradictions qui se sont parfois rencontrées dans le caractère, les habitudes et le forfait de ces hommes, souvent placés en dehors de toutes relations criminelles, et qui, sans avoir monté degré par degré tous les échelons de la perversité, arrivent du premier bond et d'un seul coup au plus exécrable des attentats.

J'ai voulu définir et analyser le fanatisme; j'ai voulu surtout flétrir cette monomanie, aussi redoutable que stupide et ridicule, de quelques extravagans de notre époque, qui rèvent dans le régicide un renversement des institutions de l'état, ou les honneurs d'un trépas solennel, et qui, le roi échappé à leurs balles, n'obtiennent que la dérision, l'insousiance générale et la mort; et, le roi tué, n'obtiendraient, au lieu d'un bouleversement politique, qu'un changement instantané de souverain, la mort et l'insouciance générale.

Qu'ils jettent donc le large et épais bandeau qui leur couvre les yeux et les oreilles, tous ces niais du drame politique, atteints du spleen du régicide; ils comprendront qu'il n'ya pour eux d'autre intérêt que l'indifférence publique pendant leur procès, d'autre apothéose que l'oubli sitôt que leur sang est essuyé sur le bois de la fatale machine et que le vent a séché la terre qui couvre leur cercueil.

Quant à l'*avant-dernier*, et puisse-t-il être véritablement l'avant-dernier de tous les régicides! quant à ce fanatique Alibeau, que Meunier a pris pour modèle, point d'excuses, point de blâmes pour lui; avocat, je dus lui prêter l'appui de mon ministère: je ne serai pas le juge de sa cendre, je ne toucherai pas à son souvenir.

Quiconque a feuilleté cent pages de l'histoire universelle,

a rencontré sous tous les règnes de rois, d'empereurs ou de républiques, quelques attentats contre les chefs du pouvoir. C'est surtout après les révolutions qui changent la face des états et remettent les trônes en question, après le renouvellement d'une dynastie et la translation d'une couronne d'une famille à une autre famille, d'une branche à une autre branche ; c'est après quelque profonde commotion qui ébranle fortement le système politique, les droits d'un peuple ou les traditions religieuses, que le régicide se lève avec plus d'audace et de frénésie.

Partout aussi où vous verrez une opinion, vivace dans quelque fraction du peuple, combattue, renversée, comprimée par le pouvoir, vous rencontrerez un attentat contre ce pouvoir; ici, c'est pour venger la honte d'une famille détrônée, errante et sans appui; là, c'est pour abattre une forme de gouvernement érigée par un souverain novateur; ici, pour reconquérir un droit; là, pour servir une ambition particulière et asseoir sur le trône une prétention rivale. Tantôt c'est le fanatisme de la liberté qui aiguise en silence et tient tout prêt son poignard, tantôt la superstition religieuse qui s'échauffe au régicide par des jeûnes et les austérités de la pénitence, et tantôt le besoin d'émancipation des classes moyennes qui dérouille en secret son tranchet ou quelque vieux fer de lance, pour présenter au bout la pétition de son affranchissement.

Le bras du régicide s'est encore montré à la solde de divers intérêts d'époque et de nationalité; il s'est offert au service de toutes les idées dogmatiques, de toutes les fureurs de la théologie, des querelles invétérées entre la discipline ecclésiastique et la juridiction séculière, des dissentions de ministère, des animosités engendrées par de royales prédilections pour tel ou tel corps d'état, des haines fomentées par d'injurieuses démarcations entre la roture et la noblesse, et le plus souvent aussi le régicide s'est vendu aux craintes, aux perfidies et aux vengeances de l'étranger.

Différens des autres forfaits qui n'appartiennent qu'à une classe d'individus abjecte et complètement pervertie, le régicide est sorti de tous les degrés de l'échelle sociale: l'église, la noblesse, la cour, le trône, la diplomatie, quelques fractions du peuple ou de l'armée, ont tour à tour tiré les épées, filtré les poisons, inventé, organisé, embrasé des machines infernales contre les têtes couronnées, pour faire triompher par la trahison et le meurtre leurs secrets intérêts, qu'elles désespéraient d'établir par la raison ou par la force. La conspiration de Mallet, la société des philadelphes, étaient des conjurations purement militaires contre Napoléon; l'explosion de la rue Saint-Nicaise était l'œuvre d'un complot anglo-royaliste. L'assassinat des deux de Guise, l'échafaud de Marie Stuart, le billot secret sur lequel cette princesse si jeune et si intéressante par ses grâces, son esprit, sa modestie, sa candeur et son amabilité, vint incliner à seize ans sa tête, qui venait d'essayer à peine ce terrible bandeau royal, présent fatal qu'elle avait tant refusé, Jeanne Gray, véritable martyre des rivalités de famille, holocauste inutile, immolation sans but, sans intérêt, et purement atroce; ces crimes particuliers et quelques autres ne viennent-ils pas prouver que des rois et des reines n'ont pas reculé non plus devant de régicides attentats contre la vie de leurs compétiteurs?

Une armée, un peuple entier, n'entretiennent jamais de secrets intérêts, ne tentent jamais le régicide; lorsque, par d'inévitables calamités, à des époques fatales et dans des jours d'aveuglement et de surdité des souverains, ces jours qui semblent être marqués par le ciel, le froissement d'une intolérable oppression descend dans le peuple, se communique aux masses, se fait comprendre universellement et vient heurter à la fois chaque citoyen au coude, ce n'est point le poignard, mais l'insurrection qui décide. L'insurrection est l'arme de la nécessité sentie à la fois par tous; le poignard ou le pistolet est l'arme d'un intérêt particulier, d'un privilége déchu ou d'un parti réduit au désespoir. De fausses lumières sur la politique placent le poignard aux mains d'un meurtrier ; l'instinct d'un accord unanime soulève et entraîne toute une population à changer sa destinée de face.

Je parle d'insurrection, et j'en attribue la cause à l'oppression qui descend des trônes et s'appesantit sur les peuples; cette cause n'est pas générale; je juge sous l'impression des événemens contemporains: c'est plutôt par des regards historiques rejetés en arrière qu'il faut en rechercher la source. C'est dans les dispositions des peuples, les sympathies passagères d'une époque pour tel ou tel souverain, quelquefois dans la lassitude née d'une longue tranquillité, ou dans le besoin de garanties pour la sécurité de l'avenir, qu'il faut placer le germe des révolutions.

Il est impossible de traiter sous toutes ses formes la question du régicide, calamité morale, tache rejaillie sur la civilisation, et qui ne devrait jamais ensanglanter les annales de nations aussi renommées que l'Angleterre et la France par l'élégance et l'urbanité de leurs manières, la sagesse de leurs institutions, la douceur et l'humanité de leurs mœurs ; il est impossible, dis-je, de parler de régicide sans que ces deux effroyables forfaits juridiques, solennellement consommés sur la vie de monarques vertueux, ne se redressent devant la mémoire, et ne viennent proclamer l'impitoyable brutalité des factions une fois précipitées dans tous les genres de désordre, et l'inutilité des efforts du trône pour ramener le pays, lorsque le torrent des passions populaires a rompu ses digues.

Je veux parler de Charles Ier et de Louis XVI, de ces deux rois malheureux que la conformité de position, de caratère, de penchans, de calamités sans nombre, de vie agitée et de mort tragique, a rapprochés et unis à jamais dans les souvenirs et les regrets de tous les amis de la justice, de la vertu et de l'humanité.

Les premières années du règne de Louis XVI furent marquées par un enthousiasme et un engouement universels pour sa personne, cette vie qui circulait à flots d'or dans le commerce, cette aisance dans toutes les classes, cette facilité de transactions, cette splendeur jetée sur les professions libérales, et cette haute dignité de la justice, régulatrice souveraine des actions des hommes, qui dans aucune autre époque ne s'était administrée en France avec plus d'éclat, avec une plus majestueuse intégrité; de tels prémices semblaient bien peu favorables pour faire éclater une révolution. Est-ce à la misère, à l'esclavage du peuple, à son irritation contre un règne intolérable qu'il faut attribuer les désordres qui inondèrent de sang le sol de la France? Non: Louis XVI était un roi bon, sage et vertueux, et qui jamais n'eut la moindre pensée qui pût tendre à l'oppression de son peuple.

Quelques fautes d'inexpérience de la jeunesse de Charles Ier, rapidement effacées par un zèle et une grandeur d'âme sans égale, signalèrent les premiers temps de ce règne mémorable. Son aveugle faiblesse pour l'arrogant duc de Buckingham avait soulevé quelques défiances contre le souverain; mais, bientôt après la mort de ce dangereux favori, l'accroissement des finances, la sécurité des citoyens, le respect inviolable pour les propriétés, la soumission des fougueux presbytériens au joug des lois, la gloire, l'abondance et la paix, tout concourut au bonheur et à la prospérité de l'Angleterre; c'est au milieu de cette félicité publique que les esprits de cette turbulente nation se soulèvent contre leur souverain, et que, tout en convenant des bienfaits qu'il a répandus et des avantages conquis sous son règne, les communes entreprennent de battre en brèche son autorité et de raser le trône; c'est plus tard que, pour le punir d'avoir osé défendre sa couronne, si outrageusement attaquée, une chambre d'accusation, composée d'un ramas de vils meurtriers assemblés par Olivier

Cromwel, consacre le fait de la plus barbare démence, et envoie le malheureux Stuart expier sur l'échafaud quinze années de magnanimité, de lumières et de vertus.

En France, d'où sortait donc cette sourde agitation de la crainte, au milieu de la paix la plus profonde? cette inquiétude, bientôt altière et menaçante, au milieu de la prospérité? Faut-il tourner ses regards vers le trône? Non: Louis XVI, je l'ai dit, était un de ces rois bons, humains et inaccessibles à toute idée de despotisme et de tyrannie. Athènes n'a-t-elle pas entendu des insensés s'écrier qu'ils étaient las de l'intégrité et des bienfaits d'Aristide?

Ce n'est point dans la politique sage et modérée de Louis XVI, ce n'est point dans les actes extérieurs de son gouvernement qu'il faut chercher le germe de cette longue et sanglante révolution qui a tranché son règne et sa vie, et qui ne s'est apaisée que lorsque la hache des furies se fut ébréchée sur des milliers de crânes humains, et que le pied leur glissant sur le pavé, les torches, échappées à leurs mains, roulèrent et s'éteignirent dans des ruisseaux de fange et de sang.

A quelle cause faut-il rattacher cette effayante catastrophe? A la morale du peuple, dont les esprits se convertissaient à d'autres théories et s'entr'ouvraient vaguement à de nouveaux désirs et à des institutions inconnues.

Que demandait à grands cris le peuple français? D'autres principes vers lesquels les entraînait une fermentation générale.

Que disait l'Angleterre? Aisance, prospérité, commerce, il ne nous manque aucune des bénédictions d'un heureux gouvernement, excepté l'exercice présent de notre liberté dans toute son étendue, et une lointaine garantie pour l'avenir.

Cromwel, ce profond conspirateur, en qui se résume toute la révolution anglaise, interrogé sur ses vues politiques au commencement des troubles qu'il suscitait lui-même en secret, répondait : *Je sais bien ce que je ne veux pas; je ne sais pas encore ce que je voudrai.* Preuve évidente que ce n'est pas toujours dans le mécontentement contre les souverains que se développent les symptômes de l'esprit d'insurrection, mais plus ordinairement dans une disposition irrefrénable des esprits au désordre : le besoin d'un autre avenir et le dégoût d'une situation, quelque douce qu'elle soit, mais maintenue trop long-temps dans une fade immobilité.

Quels princes, en effet, ont possédé des qualités plus dignes de leur concilier l'amour des peuples? Quels princes se sont plus activement et plus constamment occupés de résoudre cet inextricable problème du bonheur et du contentement de toutes les classes, et de le mettre en pratique autant qu'il était stratégiquement possible au milieu de tant de passions et de volontés diverses qui ont agité leurs règnes. Le ciel devait à tant de vertus et de généreux efforts la justice de les faire naître pour des temps moins difficiles, ou de leur donner un caractère plus décisif, plus ferme et plus convenable aux époques tumultueuses contre lesquelles ils étaient destinés à lutter.

Les qualités personnelles et le cœur d'un bon prince ne sont pas toujours un gage suffisant de la sécurité des états, ni les conditions qu'exigent les besoins des peuples. Le charme et la douceur que répandent les bonnes qualités privées et l'affabilité d'un souverain s'exercent sous le toit de famille et s'arrêtent dans le rayon de ceux qui approchent sa personne. Quelles que soient ses excellentes intentions pour l'intérêt de son peuple, un royaume, quelque petit qu'on se le représente, ne s'administre pas par les mêmes principes que l'on gouverne une maison : rien ne ressemble moins aux bases du gouvernement des affaires de l'état que les soins et les vues d'ordre et d'économie domestiques, quelque étendus et quelque multipliés qu'ils soient.

Dire que tel prince fut le père de ses sujets est un hommage fort affectueux, sans doute; mais cette noble image poétique, inventée par la reconnaissance des siècles fortunés, contient plus de sentimens que de justesse. Un royaume est la seule chose au monde qui ne puisse s'administrer en bon père de famille.

Quel monarque a pu se flatter de faire descendre le bonheur et la joie dans le sein des millions de familles qui composent son royaume, et de satisfaire, selon leurs vœux, jusqu'aux derniers de ses citoyens? Quel monarque a pu se dire : Mon règne ne sera troublé par aucune insurrection, par aucun attentat contre ma personne?

Une insurrection qui réussit est la plus grande de toutes les calamitées politiques et morales qui puissent pervertir une nation, quels que soient les heureux résultats, la sagesse des améliorations qu'elle fait éclore, et le prince dont elle couronne le front et dont elle dote le pays.

Après une insurrection réussie mettons à part les dangereux secrets de la puissance éversive mis à découvert, le calme qui succède est l'ordre extérieur, mais il est né du désordre, il a pour père le désordre, et conserve long-temps des traits et des inclinations de lui; d'énergiques mesures de police et l'emploi de la force parviendront, sans doute, à comprimer cette turbulence d'origine; il faudra toute une génération pour effacer la physionomie de famille et les penchans traditionnels. Les baïonnettes poursuivent et font taire l'émeute, hurlant dans les carrefours, mais ne ramènent pas dans l'esprit du peuple le sentiment du bon ordre et de la tranquillité intérieure. Après les discordes sanglantes qui préludèrent à la chute de Charles Ier, l'Angleterre fut agitée par des troubles et des inquiétudes sans nombre pendant quarante-cinq années.

Le maintien de l'organisation politique, l'institution de l'ordre social si précieuse à conserver, l'harmonie entre ces deux principes, qui doivent continuellement se balancer l'un par l'autre, sont des avantages immenses qui échappent à une population turbulente et toujours disponible aux appels du désordre et de la sédition.

Après une insurrection, les bases de l'édifice social, désunies par le choc furieux des factions, perdent quelque chose de leur antique indissolubilité, quelque fermes que soient les décrets nouveaux à l'aide desquels on répare et l'on cimente leurs brèches.

Le renversement brutal d'un système par la force, l'érection d'un système nouveau par la force, sont les plus pernicieux de tous les scandales politiques; un succès de violences, voilà le passage frayé, voilà la porte ouverte à toutes les velléités révolutionnaires.

En juin, un homme d'énergie s'est levé sur la place publique; il a dit impérieusement au travail : « Arrête-toi, une œuvre plus glorieuse réclame aujourd'hui tes forces et ton » courage: un tyran nous écrase, marchons à la liberté, aux » armes! Voilà le deuxième soleil de juillet! » (1). Et cet homme, un fusil en main, entraînait d'un bout de la capitale au Louvre toute la population ameutée sur son passage. Qui veut devenir roi? Voilà des bras, des cartouches, un drapeau, aux armes! et marchons! Tentatives insensées! déplorables fureurs aussitôt avortées, aussitôt punies qu'excitées! Fatal engagement d'une première épreuve! conséquence inévitable d'un premier succès! Cette vanité inséparable de la réussite allèche et encourage la sédition, et met la familiarité du meurtre aux mains des citoyens, devenus dédaigneux de leur vie comme de la vie de leurs frères. Chacun s'arme de l'exemple d'un précédent heureux; le système de révolte, déjà consacré par un triomphe, allume l'activité et la flamme dans les ambitions de toute espèce, et sème l'espérance de la victoire sur la même place où la victoire vient de s'élever; toutes les prétentions s'exaltent et bouillonnent, toutes les rivalités descendent dans la rue,

(1) Button.

se mettent en présence; chaque parti se compte, se grandit, se menace, et s'élance plein de fureur dans la carrière fraîchement battue des insurrections.

Je sais qu'il est des insurrections défensives que légitime, non le succès brutal, conclusion qui ne prouve jamais rien, mais l'agression partie du haut des trônes; les gouvernemens comme les personnes, en vertu des mêmes principes de conservation, portent en eux-mêmes le droit de se défendre et de protéger les institutions sur lesquelles ils reposent, comme les particuliers ont le droit de défendre leur existence mise en péril.

Cette légitime défense, les lois en font un devoir aux gouvernemens; pour l'exercer, les lois ont mis à leur disposition leurs sanctions pénales et l'appui de la force.

Les peuples aussi ont, sans aucun doute, le droit de résister aux agressions du pouvoir et de conserver l'inviolabilité des constitutions qu'ils ont jurées; mais de quelles sanctions légales sont-ils armés? Peuvent-ils, en vertu des lois du royaume, faire marcher des troupes contre un gouvernement qui les opprime? Non; il ne leur reste pour affreuse ressource que le malheur d'une insurrection. Mais, problême fatal et trop redoutable à résoudre! à quel degré d'oppression, après quelle limite l'insurrection d'un peuple peut-elle être justifiée? Il n'appartient à aucun mortel, à aucun parti de l'établir; c'est au génie qui préside aux destinées de la nation tout entière à répondre.

La révolution de juillet, dont les ordonnances de Charles X ont été l'occasion plus encore que la cause, fut une œuvre grande, admirable, miraculeuse. Cet immense accord des combattans, cet entraînement général, cet unanime dévouement, ce respect pour les droits de l'humanité si outrageusement foulés aux pieds dans les discordes civiles, cet apaisement subit après trois jours d'acharnement et de carnage, tant d'impétuosité et de raison, de désordre et d'intelligence; c'est une épopée sublime, un éclair de poésie, une langue de feu descendue sur la tête du peuple géant; mais, comme toutes les brillantes créations du génie, elle a eu ses grotesques imitations et ses parodies sanglantes; insurrection applaudie et couronnée, ces racines ont produit de déplorables rejetons et des fruits d'une horrible amertume; les maux ne sont point sortis des formes régulatrices qu'elle a introduites au pouvoir, mais de l'exemple qu'elle a ouvert aux factieux, comme insurrection victorieuse.

Oh! malheur, malheur, mille fois plus redoutable encore si l'attentat du régicide accomplissait ses projets et couronnait ses espérances! Un régicide qui réussirait! ce serait le dernier coup porté à l'organisation sociale. En France, consolation douloureuse! lamentable sécurité politique! le bras d'un régicide peut frapper juste et ne peut pas réussir. Le régicide, émissaire hardi d'une faction honteuse et découragée, le régicide, dernier enfant perdu de l'émeute, n'en est pas moins cent fois plus à craindre que l'émeute elle-même; il faut de l'espace, des armes, un grand mouvement, un grand bruit, un vaste ensemble pour l'émeute; une détermination ferme, une arme fidèle, la place d'un seul homme, la place d'une main furtive, il n'en faut pas davantage au régicide. Aux premiers hurlemens de l'émeute, la vigilance publique s'éveille, la force publique descend dans les rues pour la traquer de place en place et en faire justice; qui pourra dire aux argus de la police : Parmi les millions d'individus qui courent le royaume, il en est un qui aujourd'hui, à telle heure, attentera à la vie du roi? Le régicide le sait-il lui-même? Qu'il réussisse, et la société a perdu à jamais ses garanties. Si un régime sur lequel reposent la stabilité du trône, la force d'un gouvernement et la confiance des citoyens, pouvait être placé au bout d'un pistolet ou à la pointe d'un poignard, plus de sécurité pour personne, l'avenir de la nation appartiendrait au premier fanatique, au premier insensé qui, dédaigneux de sa vie, la jouera contre les jours d'un souverain et la tranquillité de toute une nation. L'espoir d'un renversement général, l'assurance d'une publicité de quelques semaines, que faut-il de plus pour armer le bras d'un assassin? Combien en trouverez-vous alors qui, pour l'horrible honneur de viser un front royal et de frapper d'une main isolée un coup d'où partiraient d'aussi retentissantes catastrophes, jetteront à la mort leur existence que rien n'eût fait connaître, et qu'au moins le triomphe de l'échafaud rendra célèbre.

Chaque ville, chaque village, alors, recèlera sans le savoir et fournira chaque année son régicide; les annales du royaume inscriront deux fois par an leurs tentatives nouvelles contre la vie du monarque; et bientôt l'ordre social, inquiété à chaque pas dans sa marche, harcelé chaque jour par de continuelles alertes, s'écroulera de lui-même d'inertie et de stupeur, en face de tant de conspirateurs et de meurtriers de rois.

C'est par la politique, par les mécontentemens politiques que s'expliquent de nos jours tous les attentats collectifs ou partiels contre le trône.

L'immense quantité d'individus qui proclament une opinion politique, nourrissent des affections politiques plutôt que de véritables opinions, se laissent entraîner à un prosélytisme de confiance vers l'idée qui séduit davantage leur penchant, plutôt qu'ils ne sont retenus dans une conviction éclairée par les lumières du raisonnement. Ils ont, avec une croyance opiniâtre, un esprit dont l'irascibilité démontre la trempe superficielle et la faiblesse; la plus légère objection les embarrasse, les déconcerte et les irrite. Tel titre de gouvernement semble promettre davantage à leur ambition et au dévergondage de leurs désirs; ils s'en constituent les partisans passionnés. Monarchistes ou républicains par tempérament ou par intérêt personnel, ils se raidissent avec impatience contre les propositions les plus mesurées du système divergent, et au nom de la liberté d'opinion s'efforcent d'interdire brutalement aux autres la faculté de les contredire.

Ce qui distingue l'homme politique de l'homme de parti, l'opinion politique des idées politiques, c'est la puissance d'une persuasion éclairée ajoutée à l'expérience des faits, c'est l'appréciation des rapports entre telle ou telle organisation politique et l'organisation sociale, et de l'influence qu'elle peut exercer sur la morale des peuples. Pour se créer une opinion de quelque poids, de quelque mérite, et digne d'être soutenue, il faut d'abord connaître les nombreux élémens dont se compose l'ensemble gouvernemental, savoir définir leur principe, leur action simultanée entre eux, leur pouvoir et le résultat de leur coopération; il faut ensuite composer plusieurs régimes à l'aide des monumens de l'histoire, et les étudier eu égard au caractère national des époques, aux règnes qui les ont précédés, à la force des populations, à l'étendue du territoire, aux richesses des habitans, et au degré d'intelligence et de lumière répandu dans les esprits. Ce n'est pas le demi-jour d'une ébauche prétentieuse qui peut parvenir à une pareille pénétration: ce sont les forces d'une érudition acquise par une étude profonde, spéciale et persévérante; ce n'est pas le caprice de quelques mois d'une lecture favorite qui peut constituer une opinion politique: c'est une carrière de travaux complète, c'est la méditation de la vie tout entière sur toutes les formes administratives de plusieurs peuples.

Et quels instrumens, quelle aptitude encore faut-il apporter à l'examen, à l'étude des questions de théories politiques! C'est peu des insuffisantes ressources d'une instruction élémentaire, c'est peu des souvenirs confus d'une éducation précipitée ou interrompue et qui laisse jusque dans les plus simples opérations intellectuelles de toute la vie cette empreinte primitive du désordre dans lequel l'esprit, à son enfance, a reçu sa culture fragmentée.

Pour être capable de traiter sainement et avec fruit les principes qui régissent les peuples, et de plonger un contrôle consciencieux dans l'administration des affaires publiques, Cicéron ne demandait pas seulement qu'on allât puiser les documens dans les édits des préteurs et la loi des douze tables, antique berceau de la législation romaine; c'est dans les profondeurs d'une autre science non moins vaste et plus sublime encore, qui domine toutes les sciences, qu'aucune ne peut suppléer, indispensable à tout homme qui consacre sa vie à l'exercice de la pensée, de cette science qui prête à l'homme véritablement éclairé cette dignité et cette modestie du savoir, cette sagesse et cette impartialité du jugement, ce calme et cette sérénité dans tous les ébranlemens de la vie; c'est dans la philosophie long-temps étudiée, commentée comme précepte de conduite et comme base fondamentale de toute instruction, qu'il fallait d'abord chercher ses préparations à l'étude de la politique. Avant d'aborder les notions sur les affaires publiques, Cicéron, dont le nom résume en lui tout ce que l'antiquité eut de plus sage et de plus éloquent parmi ses modèles, voulait que la législation et la philosophie marchassent de pair et se prêtassent leurs lumières mutuelles. Il ne voulait ouvrir l'entrée du sanctuaire de la politique qu'à l'érudition et à la vertu.

Eh bien! profonds administrateurs nés d'hier, diplomates d'estaminets et de greniers, politiques du vestibule et de la loge, où en êtes-vous? où sont vos rudimens politiques, vos titres de science? où sont les garanties de votre infaillibilité? montrez-nous les diplômes qui vous appellent à mieux gouverner votre pays. Ne nous étonnons donc point si, de nos jours, tant de présompteux de tous les rangs de l'ordre social s'égarent dans des sentiers d'opinions qu'ils se fraient eux-mêmes, sans autre guide, sans autre soutien que leurs dispositions personnelles, leur tempérament, leurs passions, et le délabrement de leurs affaires. Heureux encore si, ne se livrant au culte brûlant de la politique que comme à un honorable passe-temps, ils ne laissent point complètement envahir leurs cerveaux par cette fureur gouvernementale qui chasse toutes les autres préoccupations de la vie, et les rend par vanité inhabiles à toute profession pratique, à tou emploi modeste qui leur offrirait au moins un chiffre alimentaire. Heureux si, en proie bientôt au découragement, aux ennuis, aux dégoûts, à cet instinct de l'isolement que recherche l'esprit malade et qui ajoute encore à sa fermentation, ils ne tombent point dans ce sinistre marasme intellectuel, cette mélancolie sauvage remarquée dans la plupart des régicides, et ne méditent pas d'en devenir les criminels imitateurs.

A des époques d'orgueil et de vanité, où domine la monomanie de l'illustration, il se rencontre des esprits faibles, inquiets et superficiels, que la fièvre de la célébrité tourmente et dévore d'une manière insurmontable.

C'est avec un déchirement d'impatience et d'envie qu'ils envisagent comme une injustice du sort et qu'ils traînent comme une affliction leur obscurité, dont ils jurent de percer un jour les ténèbres. Pour eux, le comble de l'ambition, leur unique désir, c'est le retentissement de leur nom, quelle que soit l'escorte de bénédictions ou de mépris qui le suivra dans l'avenir. Dans leurs froides et solitaires hallucinations, la pensée fixée sur ce torrent de la vie commune qui engloutit continuellement dans son cours les hommes, leurs débris et la trace de leurs pas, ils contemplent avec un délire d'exaltation jalouse ce petit nombre de souvenirs épars çà et là, qui surnagent pendant quelque temps, et d'année en année s'effacent par distance; incapables de consacrer toutes les années, quelques années de leur existence à la culture d'une faculté, à la perfection d'un talent dont la supériorité, acquise par de longues veilles et une infatigable persévérance, tresse lentement pour l'homme de génie sa couronne de gloire et d'immortalité; abreuvés des dégoûts d'une impuissance orgueilleuse, accablés du poids de la vie, ils ne demandent que la célébrité et la mort à quelque forfait éclatant qui, d'un seul coup, leur assure l'une et l'autre.

L'espérance d'illustrer son nom par un désastre qui devait retentir dans tout l'univers et dans tous les siècles à venir, mit dans les mains de l'impie Erostrate la torche qui incendia le magnifique temple d'Éphèse, consacré à Junon, et placé au premier rang parmi les temples les plus majestueux de la Grèce.

La soif d'une célébrité, la misère qui fait monter ses malédictions vers le monarque et ne voit la source de ses douleurs que sur les marches du trône, l'alternative entre le suicide et le meurtre d'un souverain, ne sont pas toujours les motifs de cette dernière détermination : il est d'autres foyers d'exaltation et de fanatisme où le régicide a souvent trempé la pointe de son poignard pour lui donner un vernis de grandeur d'âme et de générosité.

Liberté, république, égalité, patrie, voilà des mots magiques et retentissans, d'éternelles divinités populaires, fantômes souverains au nom desquels tant de têtes couronnées ont été tranchées, tant de milliers d'individus ont immolé la vie de leurs concitoyens et sacrifié la leur pour avoir mal interprété ces redoutables symboles. Que de fleuves de sang, que de monumens de deuil ont laissé sur la terre ces idoles si fécondes en tragiques épopées, et qui ont enfanté tant de bouleversemens dans l'univers !

On le conçoit aisément : aux yeux de l'intelligence vulgaire comme aux premiers regards de la science, quelle perspective enchanteresse que celle offerte par ce mot de liberté, cet océan illimité de la volonté et du pouvoir de l'homme !

Mais la liberté se rétrécit au reflet de l'égoïsme ; on la veut ardemment pour soi, on proclame la vouloir aussi pour les autres, et ses plus fougueux adorateurs sont parfois les plus enclins au despotisme et les premiers à comprimer les jouissances de leurs semblables, pour étendre plus commodément les leurs.

La république ! quel vaste champ d'éventualités ne présente pas à la vanité et à l'ambition, caractères prédominans de l'organisation humaine, cette large et sonore expression qui se définit par elle-même l'intérêt de tous, la porte ouverte à deux battans aux prétentions de tous, la souveraineté du pouvoir qui régit la nation, divisée à l'infini, réduite en autant de petits filamens presque impalpables qu'il s'élève de mains pour en saisir.

Les esprits éclairés envisagent de bonne foi la république comme la forme de gouvernement la plus digne de l'admiration des théoriciens, et la plus impraticable dans l'état actuel de multiplicité des races et de complication d'intérêts. Les esprits enthousiastes et turbulens ne la désirent, ne l'appellent de tous leurs vœux que par un aiguillon de présomption personnelle, et pour que cette périodique impulsion, cette espèce de mouvement de rotation imprimé aux fonctions électives, premières bases de la démocratie, leur présente au moins une fois, dans le cours de leur vie, une chance de s'élever sur cette vague du pouvoir qui passe, saisit les candidats, les fait briller un instant, et les rejette bientôt dans la foule pour en reprendre d'autres et les laisser retomber à leur tour.

L'égalité, n'est-ce pas cette chimère dont se repaît avec délices l'envie, inséparable de l'imperfection de notre nature, ce reptile qui ronge au cœur tout le corps social? n'est-ce pas ce nivellement universel de toutes les conditions et de toutes les fortunes, le rabaissement de toutes les éminences à son degré individuel?

L'égalité, on la juge en jetant des regards au-dessus de soi, jamais au-dessous; on se révolte d'être effacé par des supérieurs, on tolère les égaux, on consent très volontiers au maintien des inférieurs, qui vous font cortège et vous rehaussent.

La patrie! le paradoxe s'est emparé aussi de son essence. Que de fois cette admirable et puissante généralisation de tout ce qui concourt à la dignité, au bonheur, à la richesse d'un pays, a été exploitée par de fausses et d'égoïstes interprétations! L'homme de guerre la place dans les camps, dans les champs de bataille ; pour lui, la paix c'est la décadence de la patrie; le cultivateur, dans ses arpens de terre ; le financier, dans l'opulence de ses comptoirs; le commerçant, dans l'étendue de ses relations à l'étranger; le prêtre, dans le ciel; le courtisan, dans la personne du roi, et le peuple, dans un morceau de pain et ses chansons de gloire. Chacun a tort; tous ont raison.

Mais que de fois l'ambition et la fourberie ont exploité à leur profit ce symbole de la patrie, dont le prestige sur les cœurs bien nés ne s'épuise jamais! Que de fois ce levier, toujours si fidèle, si puissant qu'il soulève toute une population d'une seule secousse, a été livré, aux mains de toutes les passions! « Concitoyens! le salut de la patrie le commande, marchons à la liberté, à la victoire! » N'est-ce pas là l'exorde de tous les appels au peuple, le frontispice de toutes les proclamations? C'est ainsi que l'on impose la loi de ses intérêts particuliers sous le masque des intérêts de la patrie.

Voilà les tristes paraphrases par lesquelles la généralité du peuple défigure ces grandes personnifications qu'elle a sans cesse sous les yeux; voilà l'incorrigible opinion que les traditions vulgaires perpétuent, qui enivre les masses, les entraîne, et fanatise quelques cerveaux disposés à tous les genres d'exaltation. Ne serait-il pas bon et salutaire que tout homme connût la définition exacte et sincère de ces mots, en comprît toute la valeur et l'étendue? Que de désastres aurait épargnés leur sage et consciencieuse interprétation connue de tous!

Je voudrais que tout homme sût que la liberté n'est autre chose que le droit respectif de satisfaire ses volontés, ses désirs et ses caprices dans les limites de la raison et de la loi, sans blesser les intérêts de personne, sans porter atteinte à l'exercice de la volonté de ses semblables, le droit d'avoir une opinion sans l'imposer par violence, le droit enfin de se livrer à toutes les actions bonnes et honnêtes sans que jamais rien d'arbitraire de la part de qui que ce soit puisse entraver le cours de l'action générale.

Je voudrais que tout homme sût que l'égalité n'est que l'exacte application des lois faite à tous, sans aucune distinction d'état, sans aucun privilége, l'admissibilité égale pour tous à toutes les fonctions de l'administration publique, selon ses capacités, et sans aucune préférence de droit pour les dignités, le rang et la naissance, et le partage proportionnel de toutes les charges imposées pour la défense du territoire et les besoins des finances.

Je voudrais qu'il comprît que la patrie n'existe pas seulement dans le cercle d'habitudes, de relations et de jouissances favorites au centre desquelles il se théorise et s'abstrait, et d'où, promenant ses regards autour de lui, il fait partir et ramène continuellement vers lui tous les rayons de sa pensée; mais que la patrie se compose de cet ensemble des citoyens, de leurs familles, de leurs affections, du sol qui les a vus naître et les nourrit, de leurs institutions, du souverain qui règne sur eux par les lois, et des magistrats qui veillent à ce que cette harmonie ne soit pas un seul instant interrompue : voilà la véritable définition de la patrie.

Le matérialiste, qui ne l'attache qu'au territoire, dégrade la pureté de cette fiction en bornant notre amour à des rapports purement physiques entre nous et le lieu qui nous a vus naître ; l'homme plus civilisé, qui vit plutôt de la vie morale que de la vie matérielle, ne sépare jamais aucun de ces élémens qui composent la patrie.

L'amour de notre patrie est le plus universel et le plus vrai de tous les sentimens. C'est aussi celui qui est le plus difficile à analyser ; cette vérité a été exprimée avec une grâce exquise dans ce distique d'Ovide :

> Nescio quâ natale solum dulcedine cunctos,
> Ducit et immemores non sinit esse suî.

La république a été le gouvernement primitif de tous les petits états; l'ancien monde n'a pas vu un seul état commencer autrement que par une république; mais l'accroissement de leur population, l'agrandissement de leur territoire, ont nécessité impérieusement les délimitations et les distinctions de biens et de personnes; chacun voulut être sûr de reposer le lendemain sa tête sous le toit qu'il avait maçonné de ses mains, sans qu'un autre vînt l'en chasser; chacun voulut assurer sa propriété pour lui, sa famille et sa postérité; on demanda au génie des législateurs d'autres principes, une forme de gouvernement plus sûre et dont les transitions fussent moins fréquentes et moins périlleuses que cette collision annuelle, ce brisement des rivalités républicaines sous le titre de tribuns, d'édiles, de préteurs, de consuls, de dictateurs et de censeurs; on voulut des garanties non seulement pour le règne vivant, mais pour le règne qui devait s'ouvrir pour les descendans: la monarchie les offrit, elle fut accueillie, et le sceptre, remis aux mains d'un seul, détrôna les faisceaux de la république.

Depuis ce temps, le républicanisme a eu ses phases de léthargie et d'éruption, orgasme intermittent, mais violent, mais convulsif, des générations; son germe, comme celui des tempêtes, ne s'éteint jamais; il reste assoupi pendant de longues périodes; il éclate avec fureur dans des jours de déchiremens révolutionnaires; puis, après quelques mois de roulement et de fracas, il replonge et disparaît sous la puissance régulière et invétérée des monarchies moins orageuses, comme après une éruption souterraine la lave, refroidie aux pieds des volcans, recommence à se mêler avec la terre du sol, subit la culture, et s'efface sous les paisibles champs qu'elle avait menacés d'envahir.

Le gouvernement républicain, adapté aux vastes et antiques états, brillante conception du génie niveleur des théoriciens, paradis des générations vertueuses, ne peut s'établir et s'accréditer par aucune voie, encore moins par le stylet, les poignards, la carabine, les coutelas et les machines infernales. Ainsi armée jusqu'aux dents, teinte de sang jusqu'aux genoux, la république épouvante et n'enfante point de prosélytes, elle se suicide avec ses propres armes. Marat, Couton, Lebon de Nantes, Saint-Just et Robespierre n'inspirent que l'horreur et l'effroi; le nom de Fieschi, que l'exécration de tous les partis; celui d'Alibeau, qu'une glaciale stupeur; celui de Meunier, que l'indignation et le dégoût. Telle que l'histoire de la génération dernière nous l'aura défigurée, sans doute, mais telle que les horreurs de 93 nous l'ont représentée, la république est une reine en haillons ensanglantés, au visage hâve et livide, aux pieds nus et bourbeux, dont le trône est la borne des carrefours, le sceptre un couperet, et le diadême un morceau de linge de blessure, flottant autour de son front. Pour présenter la république au bon accueil des peuples, il faudrait au moins la dépatroniser et la changer de nom.

Eclairez, éclairez plutôt les esprits, améliorez les mœurs dès l'enfance par les lumières, pénétrez toute la nation, tous les membres qui la composent, de cette grande et respectable doctrine consacrée par Cicéron, Montesquieu, Washington et Franklin, ces immortels créateurs de la république spéculative.

Au-dessus de toute chose ils plaçaient le respect le plus rigoureux pour les droits, la vie et les biens de chaque citoyen, la plus religieuse observance des lois et des institutions de la patrie. Ont-ils jamais parlé du meurtre et de l'assassinat?

Laissons à la plume de Voltaire le soin de donner une définition exacte de la république, telle qu'il la conçoit dans toutes ses perfections, comme théorie.

« Il n'y a qu'un esclave qui puisse dire qu'il préfère la » royauté à une république bien constituée, où les hommes » seraient vraiment libres, et où, jouissant sous de bonnes » lois de tous les droits qu'ils tiennent de la nature, ils se-

» raient encore à l'abri de toute oppression étrangère;
» mais cette république n'existe point et n'a jamais existé.
» On ne peut choisir qu'entre la monarchie, l'aristocratie et
» l'anarchie; et, dans ce cas, un homme sage peut très bien
» donner la préférence à la monarchie, surtout s'il se défie
» d'un sentiment naturel qui le porte à préférer la constitu-
» tion républicaine, non parce que tous les hommes y sont
» libres, mais parce qu'il se croit fait pour y devenir un de
» ses maîtres. Ajoutons que sur les objets les plus importans
» pour les hommes, la sûreté, la liberté civile, la propriété,
» la répartition des impôts, la liberté du commerce et de l'in-
» dustrie, les lois doivent être les mêmes dans les monarchies
» et dans les républiques; que, sur ces objets, l'intérêt du mo-
» narque se confond avec l'intérêt général au moins autant
» que celui d'un corps législatif.

» Les principes qui doivent dicter les lois sur tous ces
» objets, puisés dans la nature des hommes, fondés sur la
» raison, sont indépendans des différentes formes de cons-
» titution politique. »

Ces grands noms de république, de liberté, de patrie et d'égalité, dont la pompe raisonne trop harmonieusement, il est vrai, sur des âmes effervescentes et affamées d'agitations, de périls et de gloire, ne sont donc point par eux-mêmes, et en réalité, les causes de ces effrayantes calamités qui ont porté la désolation au sein des peuples: c'est l'ignorance du fond, la méconnaissance ou la traduction hypocrite de ces brillantes images, sur lesquelles on s'abuse et qu'on ne prend souvent qu'à la puissance du mot, qu'il faut accuser des désordres commis en leurs noms; c'est au pervertissement, à la corruption des sentimens qu'elles expriment que sont dus les émeutes, les factions, les complots, l'assassinat politique et le régicide.

Le régicide politique ou religieux, horrible personnification aux rêves de bronze, aux déterminations d'airain, a, dans tous les temps et tous les pays du monde, trouvé quelques cerveaux prêts à la fermentation pour y jeter son fanatisme, un bras ferme et audacieux pour frapper des coups d'une glaciale énergie, et des victimes royales à immoler à ses projets. Emissaires du peuple, missionnaires du destin, ou séides de la religion, tous ceux qui ont porté des mains parricides sur le front des souverains ont toujours été fascinés par d'extravagantes croyances, et se sont tous proclamés les vengeurs de l'autel et les libérateurs des nations ; pour ennoblir leurs forfaits, tous se sont drapés sous le manteau des grands intérêts de l'état, du peuple ou de l'église.

Dans les premiers temps de l'empire romain, surtout, cette impatiente ambition qui dévorait tous les sénateurs de s'asseoir sur le trône impérial, et ce vulgaire épouvantail du nom de tyran attaché indistinctement à tous les empereurs, laissaient rarement un souverain jouir plus de deux ans du sceptre et de la vie. Il est impossible de jeter les regards sur les cinq cents premières années de l'empire romain, traversé par quelques intervalles de république, sans être frappé du sort de cette grande partie des maîtres du monde.

Depuis le premier jour de l'ère impériale romaine, à la tête de laquelle on place Jules César, regardé comme le premier empereur, parce qu'il fut réellement maître de l'univers, jusqu'au 1er août 527, époque de l'avènement de Justinien au trône impérial, quatre-vingt-dix princes ont revêtu successivement la pourpre impériale, cinquante-six ont péri d'une mort tragique, deux seuls, Julien et Valens, eurent l'honneur de perdre la vie en combattant contre les ennemis de leur pays.

Et, cependant, leur dignité de six mois, un an, trois ans, cinq ans ou dix ans au plus, était tellement enviée que des usurpateurs, en nombre peut-être encore plus considérable, cherchèrent à la ravir et périrent presque tous, également d'une mort violente. Quel crime leurs assassins voulaient-ils punir en eux? Le tort impardonnable, aux yeux de leurs compétiteurs, d'avoir une vie trop longue et de porter trop long-temps le diadême impérial; leurs assassins devenaient le plus fréquemment leurs successeurs, et c'était la main encore fumante de sang qu'ils revêtaient la pourpre impériale.

J'ai emprunté les indications chronologiques du tableau suivant au laborieux auteur de l'*Histoire du Droit romain* et des *Florentines*, M. Bériat de Saint-Prix, dont le nom est vénéré de tous les amis de l'érudition.

César. — César, dont le nom sert à rappeler l'idée de la puissance et de la valeur, César, le père du peuple romain, à qui par testament il avait légué ses jardins somptueux, ses richesses et ses biens, César, nommé par l'enthousiasme et l'admiration dictateur perpétuel, est prévenu que le poignard des conjurés l'attend au sénat; sa femme veut le retenir; rien ne l'épouvante, rien ne l'arrête; il entre au sénat. Le perfide Casca s'était placé sur son passage; Casca s'incline respectueusement comme pour le saluer, saisit le pan de sa robe, le fait tomber, et lui porte un premier coup sur le front. César se relève, tire son épée; les conjurés, le glaive nu, l'entourent; à leur tête paraît Brutus, jeune fanatique de la liberté, comblé des bienfaits de César, couvert de dignités par César, nommé préteur par César. A cette vue, César s'écrie : *Et toi aussi, mon fils Brutus!* César laisse tomber son épée, se couvre le visage de sa robe, et tombe percé de trente-trois coups aux pieds de la statue du grand Pompée (15 mars, 44 ans avant J.-C.). Cette douloureuse et touchante appellation : *Mon fils Brutus*, révélait peut-être le mystère de la naissance de ce grand parricide.

An 14. Tibère. — Un fait assez singulier signala la mort de cet empereur. Tibère, accablé de vieillesse et d'infirmités, touchait à sa fin, et depuis quelques jours dissimulait et cherchait à surmonter sa faiblesse pour gouverner jusqu'au dernier instant. Arrêté à Caprée par la violence de son mal, dans la maison de Lucullus, où il s'était rendu pour prononcer sur l'exécution de quelques condamnés, il tomba tout à coup dans un tel état de défaillance qu'on le crut mort. Déjà Caïus sortait en grande pompe pour se montrer au peuple et se faire proclamer empereur; tout était déjà préparé dans le palais pour le faire régner. Tout à coup Tibère se ranime, appelle ses esclaves, et demande d'une voix ferme qu'on lui apporte quelque nourriture. Le désordre, la terreur, saisissent tous les courtisans. Caïus, précipité de son espérance et de sa joie, reste immobile et frappé de stupeur, n'attendant plus qu'un ordre, un signe de Tibère pour être livré à l'instant au supplice. Macron, sans se troubler, ordonne à tout le monde de se retirer, et fait étouffer le vieil empereur sous un monceau de couvertures.

37. Caligula. — Mourut victime d'une conspiration qui éclata au sein de son palais; il fut frappé d'un premier coup d'épée que Chéréa, tribun des gardes prétoriennes, lui porta dans la gorge au moment où ce dernier venait lui demander un ordre, et expira percé de vingt-huit coups de poignard par la main des conjurés.

41. Claude. — Fut empoisonné dans un ragoût de champignons qui lui fut préparé par sa femme Agrippine.

54. Néron. — Déjà remplacé depuis quelques jours sur le trône par Galba, après avoir approché plusieurs fois la pointe de deux poignards contre sa poitrine sans oser s'en frapper, après avoir reculé devant les flots du Tibre, caché dans un marais, et prêt à tomber aux mains de ses ennemis qui allaient le traîner au supplice en expiation de ses cruautés, pressé par les instigations de ces derniers courtisans qui l'entouraient, plaça enfin contre sa gorge un poignard qui fut enfoncé par Epaphrodite, son secrétaire.

68. Galba. — Fut massacré sur la place du Capitole par les soldats d'Othon, qui, furieux, s'élancèrent sur lui l'épée

à la main, l'accusant faussement d'avoir donné l'ordre de faire périr ce dernier, qui se suicida l'année suivante.

69. Othon. — Se donna la mort d'un coup de poignard, après une défaite complète de son armée, pour éviter la honte de tomber au pouvoir de Vitellius.

69. Vitellius. — Après l'invasion de Rome par les troupes de Primus et de Céréalis, et l'incendie du Capitole, la populace romaine, applaudissant comme aux jeux du Cirque aux vainqueurs et aux vaincus, et s'associant au pillage, se rua pêle-mêle avec l'ennemi dans toutes les maisons et les édifices publics. Vitellius, qui s'était retiré précipitamment du mont Aventin, croyant trouver son salut dans son palais, qu'il trouva désert, se réfugia dans la loge de son portier; ce fut la populace de Rome qui l'en arracha. Traîné sur la place publique demi-nu, les mains liées derrière le dos, il essuya les plus cruelles insultes sans qu'il s'y mêlât un seul signe de compassion; des coups de pointes d'épée dans la front et le visage le forçaient de relever la tête pour la mieux exposer aux outrages de ces forcenés; enfin, ce même peuple qui naguère était prosterné à ses pieds aux jours de ses victoires, le déchira en pièces et jeta son corps dans le Tibre.

81. Domitien. — Emule des Néron, des Caligula, des Commode, des Héliogabale, en cruautés, en extravagances, lâche et soupconneux, il poussa la pusillanimité et la peur de la mort par embûches, jusqu'à faire revêtir tous ses appartemens de marbres polis, pour que tout ce qui se passait autour de lui pût se réfléchir à ses yeux. Malgré cette précaution, il mourut victime d'une conspiration formée dans l'intérieur de son palais, où il répandait la terreur; ce fut sa femme qui, à la tête des conjurés, donna ordre à son intendant de porter le premier coup.

180. Commode. — Fut étranglé par les complices de ses débauches et de ses crimes.

193. Pertinax. — Fils d'un charbonnier affranchi, simple, modeste, plein de sagesse dans l'administration civile et

de génie pour la discipline des troupes; il fit bâtir des palais somptueux au lieu de sa naissance, et défendit que l'on touchât à la cabane de son père, qui lui rappelait la médiocrité de son origine. Il formait de vastes plans pour le bonheur public, lorsque les prétoriens, l'accusant de concussion et d'avarice, excités secrètement contre lui, pénétrèrent en tumulte dans son palais. Pertinax se présente audevant des révoltés, leur ouvre tous ses coffres vides, et leur parle avec tant de douceur et de fermeté qu'ils se disposaient à se retirer, lorsqu'au même instant un soldat, Taurius, placé derrière les autres prétoriens, le frappa d'un coup de lance dans la poitrine; aussitôt Pertinax s'enveloppe la tête de son manteau, et prie les dieux de ne point laisser ce crime impuni. Les prétoriens, revenus à leur fureur, le percent de leurs épées et lui coupent la tête.

93. Didius Julianus. — Le seul homme connu dans l'histoire de tous les peuples qui ait acheté un empire à l'encan public. Ce fut à la suite d'un souper licencieux qu'il fut frappé de ce trait de folie, qu'il exécuta le lendemain par vanité. Incapable de maintenir un seul jour la discipline parmi les soldats et la tranquillité dans son empire, perdu de débauches et d'intempérance, au Capitole, aux jeux du Cirque, il était partout l'objet des railleries et des injures de la part de la populace. Il résolut de s'enfermer et de se fortifier dans son palais. Le consul Messala assembla le sénat, qui décida d'ôter à Didius l'empire et la vie. Des soldats furent envoyés au palais pour tuer Didius; ils le trouvèrent en pleurs, prêt à résigner le sceptre, pourvu qu'on lui laissât la vie. Un soldat lui abattit la tête d'un coup de hache.

211. Caracalla et Géta. — Ces deux frères, envenimés l'un contre l'autre d'une haine mutuelle dès leur enfance, refusant tous deux de partager le trône, cherchèrent l'un et l'autre les moyens de s'entre-détruire. Géta fut immolé par les centurions de Caracalla dans les bras de Julie, sa mère, qui fut couverte de son sang et blessée à la main.

Caracalla, après un règne de cruautés inouies, se rendant au temple du dieu Lunus pour y offrir un sacrifice, fut frappé d'un coup de poignard (18 avril 217) de la main de Macrin, préfet du prétoire, qu'il avait accablé d'outrages.

217. Macrin. — Homme sans naissance, sans courage, sans talens. Parvenu seulement à l'empire par d'immenses promesses de libéralités faites à l'armée, inhabile à défendre son pays, il fut défait dans une horrible mêlée où il prit honteusement la fuite et abandonna son armée; il fut poursuivi par les Parthes, atteint et massacré près d'Archélaïde, en Cappadoce.

218. Héliogabale.—Un des princes dont le nom rappelle l'assemblage des vices les plus monstrueux et des plus étranges extravagances; il fut plutôt un fou puissant et dépravé qu'un scélérat. Dans une sédition qui éclata parmi les prétoriens, on le poursuivit dans son palais; il fut découvert sous un tas de fumier, et massacré sur la place, avec sa mère, digne lit de mort d'un pareil débauché.

222. Alexandre Sévère. — Fut élevé à la dignité impériale par l'assassin d'Héliogabale. Prince faible, plein de génie et de hautes vertus, ses efforts pour rétablir la discipline corrompue sous Héliogabale excitèrent l'animosité des soldats à un tel point, qu'ils le massacrèrent avec sa mère, pour laquelle il avait conservé une fort grande vénération.

235. Maximin. — Né dans un bourg de la Thrace, d'une naissance basse et obscure, avait gardé des troupeaux dans son enfance. Elevé aux dignités militaires par la force de son corps et son audace, il ne se signala que par des actes de férocité, et fut assassiné avec son fils par les soldats, révoltés de ses barbares sentences.

237. Maxime Pupinus et Bulbin. — Empereurs d'une grande sagesse, et qui tous deux gouvernaient à la satisfaction du sénat et du peuple. Ils étaient distingués par leur savoir profond et la douceur de leurs mœurs, mais peu braves et peu renommés pour la guerre. Dans une affaire contre

les Germains et les Parthes, ils prirent tous deux la fuite à l'instant de livrer bataille. Les soldats et les officiers se jetèrent sur ces deux princes, les dépouillèrent de leurs habits impériaux, les massacrèrent, et laissèrent leurs corps sur le chemin.

238. Gordien III. — Sut se concilier par sa profonde sagesse et sa grande habileté l'amour des soldats et le respect du peuple. Philippe, par ses intrigues et ses prodigalités secrètes, parvint à corrompre l'esprit des troupes, et à les détourner de leur fidélité à l'empereur, et réussit à se faire nommer aussi empereur, pour partager le trône comme son collègue. Gordien, voulant haranguer les soldats pour les rappeler à leur obéissance, fut saisi et mis secrètement à mort par les ordres de Philippe. Le sénat plaça Gordien au rang des dieux, et condamna ses assassins, au nombre de neuf, à se tuer des mêmes épées dont ils l'avaient percé.

247. Philippe Julius. — Tué par ses soldats à Vérone, après une bataille contre Dèce, où il fut défait complètement par ce dernier.

249. Dèce. — Tué en combattant contre les Goths.

252. Gallus Caius. — Général romain, gagna d'abord par sa bonté et sa valeur les cœurs de ses soldats, qui le forcèrent d'accepter l'empire. A peine revêtu de la pourpre, il trompa toutes les espérances, et au lieu de repousser les ennemis de la patrie, fit de lâches traités avec eux. Il gouverna avec mollesse et insouciance, et laissa envahir ses états. Émilien, général romain qui commandait en Morée, remporta une victoire brillante sur les barbares, et se fit proclamer empereur. Gallus voulut marcher contre les rebelles et reconquérir sa puissance; mais les soldats, qui n'avaient plus que du mépris pour sa lâcheté, le tuèrent à la tête de l'armée avec son fils Volusien.

253. Emilien. — Sorti d'une obscure extraction, parvint, par sa seule bravoure, aux premiers emplois de l'armée. Créé empereur au sortir d'une bataille, il vint se faire re-

connaître par le même sénat qui, cinq jours auparavant, l'avait proclamé rebelle à l'empereur et traître à la patrie. Après le massacre de Gallus et de Volusien, Valérien, qui arrivait au secours de Gallus, refusa de reconnaître Émilien pour empereur, lui arracha la pourpre, s'en revêtit, et le fit mettre en pièces par ses soldats. Le lieu de ce triple événement tragique prit le nom de Pont-Sanglant. Eutrope dit de lui : *Obscurissimè natus obscurius imperavit.*

270. Aurélien. — Fils d'un simple paysan[1], s'enrôla soldat dans les troupes de Valérien, et montra une bravoure si infatigable que les soldats l'appelaient : Aurélien la main à l'épée. Il tua en un jour quarante-huit Sarmates et neuf cent cinquante ennemis dans le cours de sa vie militaire. Il obtint le commandement de toute la cavalerie, et lorsque Valérien mourut, il fut désigné par lui pour son successeur. Tout son règne ne fut qu'une suite de batailles où il chargeait lui-même à la tête des troupes. Une sédition éclata dans Rome; les ouvriers se retirèrent sur le mont Célius, au milieu de Rome, où Aurélien les fit massacrer jusqu'au dernier. Cet acte de rigueur et de barbarie excita une conspiration qui termina ses jours. Il soupçonnait Mnesthée, son secrétaire, de concussion et menaçait de le punir. Mnesthée contrefit la main de l'empereur et écrivit une liste de proscrits où il avait réuni à son nom les noms de plusieurs sénateurs suspects, et la leur livra. La sévérité de l'empereur et la crainte les rendirent crédules; ils l'attendirent dans un défilé entre Byzance et Héraclée, et le massacrèrent. Sa mort fut vengée: ses assassins, détrompés, livrèrent Mnesthée aux bêtes féroces.

275. Tacite. — Accueilli empereur par de grandes démonstrations de joie, répandit d'immenses libéralités sur le peuple; protecteur de l'éloquence et des lettres, doué d'un esprit juste et d'un caractère doux et affable, il était l'oracle, le prince et l'ami du sénat. Maximin, son parent, qu'il avait nommé gouverneur de Syrie, ayant excité quel-

ques mécontentemens dans le peuple, fut tué dans une émeute, qu'il cherchait à apaiser; les meurtriers furent désignés, mais, craignant la vengeance de Tacite, ils s'introduisirent la nuit dans son palais, et le massacrèrent lui-même.

276. Probus.—Ne dut qu'à sa valeur personnelle le titre d'empereur. Plein d'une mâle fermeté, doué d'un génie infatigable, il dominait toutes les délibérations du sénat, qu'il écrasait par ses innombrables travaux. Il fit élever, pour décourager à l'avenir les attaques des barbares, une muraille fortifiée de tours, depuis le Rhin jusqu'au Danube. Constamment heureux dans ses excursions, victorieux de toutes les agressions étrangères, il utilisait la paix et employait les soldats et les prisonniers à divers travaux de défrichement sur les côteaux de la Gaule et de la Pannonie; mais, enfin, la paix trop prolongée lui suggérant l'idée d'un licenciement, il en parla imprudemment aux chefs de légions, qui se révoltèrent contre lui, et le tuèrent à coups de pioche, au milieu des travaux auxquels il présidait.

283. Carinus. — Paresseux et débauché. Son avènement au trône fut marqué par l'éloignement des hommes vertueux de tous les emplois publics. Il remplit son palais d'histrions, de courtisanes et de femmes corrompues; il aimait à se mêler aux orgies de la lie du peuple. Le seul fait mémorable de son règne est la renaissance des jeux romains, qu'il fit célébrer à son retour des Gaules avec une pompe et une magnificence extraordinaires; il inventa des spectacles nouveaux, dont Calpurnius donne la description. Il fut tué dans une déroute par ses soldats, qui tournèrent contre lui toute la fureur de leur défaite.

283. Numérien. — Fut déclaré césar en même temps que Carinus; il était cité comme le plus éloquent orateur de son siècle. Calpurnius le peint comme un jeune enfant déclamant sur le sein de sa mère (*maternis causam qui lusit in ulnis*). La poésie, les lettres étaient, dans l'esprit de cet aimable prince, les compagnes des plus brillantes qualités du cœur. Arius

Apur, à qui il avait confié le commandement de l'armée pour s'assurer le trône, fit assassiner Némurien, et jeta son corps dans une cave; il attendait un jour favorable pour se faire proclamer empereur, lorsque l'odeur du cadavre éveilla les soupçons et amena la découverte du forfait d'Apur, qui fut poignardé à l'instant où il allait revêtir la pourpre, et ne put jouir de son crime.

306. Sévère Flavius. — De la plus basse extraction; il entra dès sa plus tendre jeunesse dans la carrière des armes, et se livra avec ses compagnons aux plus ignobles débauches de soldat, dont il n'avait aucune qualité. Un trait de courage et de dévouement envers Galère lui mérita la protection de ce prince, qui l'éleva et força plus tard Dioclétien de le créer césar. Sévère obtint le gouvernement de l'Italie et de l'Afrique, et Galère s'associa son protégé. Maxence profita de l'ascendant qu'il exerçait sur l'esprit des soldats pour se faire élire Auguste; mais Sévère, prêt à assiéger son rival dans Rome, fut abandonné par ses troupes, qui le méprisaient, et tomba au pouvoir de Maximin, qui le jeta dans les fers et ne lui accorda d'autre faveur que le choix du supplice. Sévère se fit ouvrir les veines.

307. Maximin. — Fils d'un paysan des environs de Sirmium, Maximin, endurci aux travaux guerriers, sans culture, grossier dans ses mœurs et ses manières, n'aimait que la bravoure, et possédait l'habitude des opérations militaires. Décoré de la pourpre par Dioclétien, tout son règne fut marqué par l'apparition et le supplice d'une foule d'usurpateurs qui s'arrogeaient la pourpre impériale dans différentes provinces, et marchaient contre lui. Renversé enfin par Constantin, qui parvint à corrompre ses soldats, il obtint de choisir son genre de mort, et s'étrangla de ses propres mains.

311. Maxence. — Né sur les degrés du trône, montra dans tout le cours de son règne une désespérante incapacité. Obligées de se défendre contre une invasion des soldats

de Constantin, ses troupes, énervées par la débauche et l'indiscipline, furent culbutées et taillées en pièces. Quelques soldats se saisirent de leur insignifiant empereur, et le jetèrent dans le Tibre, où le poids de ses armes l'engloutit aussitôt. Le lendemain, son corps fut retiré de la vase, et sa tête, portée au bout d'une pique, ouvrit la marche triomphale de Constantin.

313. Licinius. — Enlevé dès son enfance à la charrue pour être conduit à l'armée, Licinius se distingua dans la guerre contre Narsès, roi des Perses. Son seul mérite était de savoir maintenir la discipline dans les troupes. A peine fut-il revêtu des premiers emplois militaires, qu'il s'arma contre Constantin et le força de partager l'empire avec lui; plus tard, il s'engagea entre ces deux empereurs une guerre implacable où Licinius, ayant épuisé toutes ses forces, tomba au pouvoir de Constantin, qui le fit étrangler.

340. Constant. — Périt victime de la sourde ambition et de l'ingratitude atroce de Magnence, soldat qu'il avait tiré de l'obscurité pour l'élever aux premiers grades de l'armée. Les soldats du traître Magnence, qui s'était fait proclamer empereur par la populace d'Autun, où il commandait, massacrèrent par ses ordres l'empereur Constant, attiré dans une embuscade aux pieds des Pyrénées.

351. Gallus Constant. — Gallus, prince ombrageux et cruel, fit condamner à mort et au bannissement plusieurs gouverneurs de provinces; par crainte de conspirations. Il désolait l'Orient par ses arbitraires exécutions, et immolait à ses moindres soupçons les plus nobles têtes de l'empire. Constance, exilé par les favoris de Gallus, fit trancher la tête à ce dernier.

383. Gratien. — Modeste, vigilant, le père des soldats, marchant toujours le premier à l'ennemi, justifia pendant long-temps par ses vertus civiques et sa bravoure les espérances du peuple et de l'armée; mais son ardeur pour les plaisirs de la chasse, trop indigne d'un si fier courage, lui

fit perdre peu à peu l'estime de ses troupes ; et son zèle imprudent à poursuivre les restes de l'idolâtrie, réveillée par Julien, excita une révolte en faveur de Maxime, qui fut élu empereur et fit assassiner, par un de ses généraux, au sortir d'un souper, ce malheureux empereur, que tant de souvenirs de bienfaits et de gloire n'avaient pu protéger.

450. Valentinien III.—Mis à mort, au milieu de ses succès éclatans, par les ordres de Ricimer, général puissant et orgueilleux, sous la tyrannie duquel gémissait l'Italie, et qui, fier de sa haute fortune, disposait à son gré des sceptres et dédaignait de s'en emparer. Ricimer ne cherchait dans les empereurs de son choix que d'obscurs esclaves qui ne pussent point effacer sa renommée ; mais, redoutant la gloire rapide d'un personnage aussi distingué que le jeune Valentinien, il disposa ses troupes à la révolte, le força de déposer sa couronne, et le fit assassiner.

467. Anthémius.—Empereur renommé par sa bienfaisance et sa piété. L'arrogant Ricimer avait daigné soutenir et confirmer sa nomination sous la condition secrète qu'il épouserait la fille de cet empereur. Le mariage fut conclu ; une brouillerie de vanité s'éleva entre ce gendre dangereux et Anthémius. Ricimer marcha sur Rome, livra cette ville au pillage, fit massacrer Anthémius, et offrit le sceptre à Olybrius, qui l'accepta par crainte du même sort.

480. Zénon. — Né d'une famille considérable de l'Isaurie, n'apporta sur le trône, où il ne parvint qu'à force d'intrigues et de libéralités, que des mœurs infâmes, un caractère méprisable, et une lâcheté sans exemple. Les plus scandaleuses orgies plongèrent sa cour dans le mépris et l'aversion ; la hideuse difformité de son corps et ses habitudes de débauches étaient des sujets peu faits pour lui concilier l'affection de sa jeune femme Ariadne, douée de la plus grande beauté, et élevée à la cour magnifique et brillante de l'empereur Léon. Il eut plusieurs attaques à repousser de la par des généraux envieux de son trône ; il le fit avec len-

teur et mollesse; il ne sortait de ses débauches que pour se livrer au sommeil. Enfin, son indigne vie fut terminée par un crime exécrable. Sa propre femme, éprise depuis longtemps d'Anastore, un des officiers de son palais, profita d'un moment où Zénon s'était endormi dans un état d'ivresse, pour le faire ensevelir et sceller dans un sépulcre de pierre, et annonça sa mort comme étant la suite d'une attaque d'épilepsie. Vainement ses cris, ses hurlemens affreux, le retentissement des coups qu'il portait en se débattant, s'efforçant de soulever la pierre où de la briser, glacèrent d'effroi tous ceux que ces bruits avaient attirés ; aucun n'osa venir le secourir.

Dans l'espace de cinq cent vingt-sept ans, sur quatre-vingt-dix empereurs, cinquante-quatre assassinés, empoisonnés, jetés dans le Tibre!... Scandaleux exemples des calamités continuelles d'un état où la pourpre et le diadème, parfois restés sans maître, se décernaient à l'ambition des tribuns, à l'heureuse témérité d'un soldat, et souvent à la violence brutale d'un esclave ou d'un vil gladiateur! A ce table audéplorable, sans doute, mais loin de nos mœurs, des obscurantistes méticuleux, se ruant en Vandales à travers les matières de notre enseignement classique, vont rayer du catalogue universitaire l'histoire romaine, monument de tant de régicides, poison de l'âme, source impure de la turbulence de nos jeunes têtes, et de cette espèce d'indomptable fierté follette et de brutisme adolescent, qui menace chaque année le trône et l'avenir social d'une génération de républicains et de tyrannicides français. Oh! gardez-vous d'accuser nos études! Au nom de la vertu et des lumières, ne calomniez pas les élémens de nos études! Cette menace de proscription s'est déjà fait entendre; cet outrage aux merveilles de l'antiquité a déjà rencontré quelques esprits ineptes qu'elle n'a pas révoltés. Tite-Live, Salluste, César, Tacite, venez défendre vos écrits, venez repousser les dévastateurs de vos richesses, et faire rentrer dans leurs repaires tous ces profanes sangliers de la littérature.

Que l'on ne vienne pas arracher des mains de notre adolescence studieuse ces admirables chroniques animées par vos veilles, ou plutôt qu'on ne les outrage pas encore davantage en ne lui permettant, sous le palliatif jésuitique d'*expurgations*, que leurs honteuses mutilations, leurs lambeaux châtrés de tous les monumens de la virilité romaine!

Grand Dieu! ce ne sont pas les lumières qui rendent l'homme criminel: c'est l'ignorance, ce sont les demi-lumières, les fausses lumières! Bien loin d'en diminuer l'éclat, rendez-le plus vif, plus populaire; apprenez pour rien à l'homme le peu qu'il faudrait qu'il sût pour être honnête homme; à côté de son évangile et de son catéchisme, placez-lui quelques notions simples, élémentaires et intelligibles du droit naturel et du Code pénal. En même temps qu'il apprendra à craindre et à aimer Dieu, qu'il ne voit que d'une manière symbolique, il apprendra à aimer et à respecter ses semblables, qu'il voit de ses deux yeux et qu'il rencontre à chaque instant. Voilà le frein le plus solide contre les iniquités de la terre.

Que la philosophie, corollaire des études élevées, plutôt que de se réfugier dans les obscurs théorèmes sur l'origine et l'innativité des idées, dans les subdivisions des idées simples ou complexes, relatives ou absolues, démontre clairement à l'homme l'origine de ses devoirs de citoyen, la nature et le fondement de ses droits.

A Rome, pourquoi le peuple donnait-il à tous les rois, à tous les empereurs, cette flétrissante et périlleuse qualification de tyran, qui livrait, pour ainsi dire, tous les souverains au haro de leurs peuples, et plaçait d'avance indistinctement, à côté de toutes les couronnes, le poignard ou la coupe empoisonnée? De nos jours, pourquoi quelques têtes ardentes de nos écoles, qui, sur la foi des traditions antiques, se révoltent ou se passionnent de confiance, et sans chercher à découvrir la source de leurs impressions, conservent-elles long-temps sous un régime constitutionnel, l'idée de tyran dans le mot de *roi*, que les républicains purs redoutent de prononcer?

L'étymologie grecque (τυραννος) exprime le mot *chef civil et militaire*; ce n'est pas dans cette définition étymologique, mais dans les fonctions et l'autorité des premiers empereurs romains, qu'il faut chercher la cause de cette erreur traditionnelle; la développer sera la détruire.

Dans les annales de la législation romaine, nous voyons les empereurs rassembler dans le cercle de leur puissance tous les pouvoirs, toutes les magistratures de l'empire. Législateurs, gouverneurs et magistrats, ils créaient des lois, les sanctionnaient et les mettaient eux-mêmes en vigueur par l'exercice d'une sévère application; quelquefois, trop jaloux, trop épris de l'intégrité de leurs constitutions, pleins de prévention pour leurs œuvres, ils prenaient pour une vertu en eux cette fermeté qui n'est souvent que de la rigueur, et que le peuple appelle cruauté. Dictateurs, pontifes, proconsuls, censeurs, consuls, préteurs et tribuns du peuple tout à la fois, ils s'armaient tour à tour du pouvoir religieux, du pouvoir législatif, du pouvoir exécutif et du pouvoir judiciaire. Placés personnellement et en contact immédiat avec le peuple dans l'exercice des fonctions de cette justice distributrive que les douloureuses nécessités qu'elle consacre et l'inflexibilité qu'elle exige rendent parfois si redoutable, s'arrogeant le droit de condamnation, ils en essuyaient aussi l'amertune et les disgrâces; leurs noms se mêlaient partout aux imprécations des condamnés, aux clameurs de la populace lancées contre l'oppression et le despotisme. La puissance des empereurs pouvait aisément paraître alors cet abus de la puissance que l'on appelle tyrannie. Le peuple ne jugeant de la méchanceté des grands que par les châtimens qu'il en reçoit, et n'adressant de malédictions qu'à ceux qui le frappent: voilà l'origine de cette confusion conservée de bonne foi, dans l'esprit populaire, sur les idées de tyran et de roi.

De nos jours, au contraire, nos institutions ont déchargé de toute attribution rigoureuse le représentant du pouvoir exécutif; il ne reste plus à un roi des Français d'occasions ni de moyens de faire sentir sa souveraineté par la crainte et l'effroi. Les seuls droits qui lui restent, les seuls qui soient véritablement dignes de la majesté royale, sont le partage de l'initiative des lois avec les deux chambres, et la sanction des lois par des ordonnances; sa seule autorité absolue, l'exercice libre de sa haute clémence; son seul pouvoir arbitraire, celui de faire grâce; c'est le seul dont le cœur d'un bon prince puisse être jaloux.

De nos jours, il y a donc une différence énorme entre le mot *tyran* et le mot *roi*; traduire ainsi l'un par l'autre serait commettre le plus odieux contre-sens, malgré l'autorité du Dictionnaire de Noël.

L'incorrigible frénésie de nosconspirateurs et de nos régicides modernes a inventé un prétexte nouveau à leurs attentats, un mot d'ordre général à leur usage, puisé dans les pointilleries de notre politique chicanière: *Le roi manque à ses sermens, il gouverne et ne règne pas.* Qui a mis dans la bouche de ces misérables et grossiers assassins ce prétentieux langage? qui leur a donné le droit de contrôler avec la lame d'un poignard ou la détente d'un pistolet les fonctions de l'autorité royale, que la polémique la plus subtile n'a pu bien exactement déterminer encore? Sans rien analyser, on a poussé plus loin le raffinement des distinctions: les arguties ont fait naître une nouvelle subdivision de la puissance, un droit intermédiaire entre le droit de régner et le droit de gouverner, celui d'administrer. Le roi doit régner, mais non gouverner ni même administrer; les attributions royales sont exclusives de tout acte d'administration et de gouvernement. N'est-ce pas faire à plaisir de l'étroit esprit de palais pour multiplier les piéges autour du trône et faire surgir de perfides entraves devant les pas du pouvoir? Dans une monarchie aussi fortement constitutionnelle que la nôtre, où les trois pouvoirs combinés se balancent, s'observent et se maintiennent essentiellement l'un par l'autre, et rendent impossible tout envahissement de la part du souverain, ne doit-on pas considérer ces définitions, fort scientifiques, sans doute, comme des distinctions d'étiquette, ou plutôt comme des points de doctrine, de *monarchéologie*, à peu près de la même valeur que les disputes de la Sorbonne sur la *grâce efficace* et le *pouvoir prochain?*

L'inviolabilité royale n'est pas une fiction adulatrice ou simplement de haute convenance; il existe un principe tutélaire et conservateur de la sécurité d'une grande nation : le roi ne peut mal faire, non qu'il soit infaillible, comme le dirait la basse flatterie, non qu'il soit restreint à ne rien faire, comme le désireraient les anarchistes pour déconsidérer la royauté, mais parce qu'il ne peut rien faire seul et par lui-même, parce qu'il est du devoir des ministres, d'abord, d'élaborer, d'éclairer, de contrôler, d'accueillir ou de refuser les propositions royales, et du droit des deux chambres législatives, ensuite, de les discuter de nouveau, de les contrôler et de les rejeter ou de les admettre. En présence de si larges et de si prévoyantes institutions, chicaner sur la nature et la classification d'un acte émané de la pensée royale est donc une puérilité scolastique et mesquine, ou une artificieuse affectation d'exactitude et de précision.

Sans doute, en fouillant un peu avant dans les causes de ces tentatives successives contre la personne du roi, on rencontrera cette périlleuse flatterie qui reporte uniquement à lui tout le bien qui se fait en France, sans entrevoir les dangers de ses éloges absolus. Faire remonter vers le roi l'éloge du bien, c'est se rendre responsable de toutes les conséquences du mal, c'est lui enlever l'égide de la responsabilité ministérielle, et mettre le pistolet aux mains de ses ennemis. Je ne dirai pas : aux ministres le blâme, au roi l'éloge, mais : aux ministres éloge et blâme, le roi saura bien prendre sa part sans qu'on la lui fasse.

Les ennemis du roi, sans s'inquiéter de la dignité de notre grande nation, et pour amener par le discrédit l'abolition du trône, voudraient même que le roi fût dépouillé de toute espèce d'influence dans les travaux du conseil, et fût réduit uniquement à trôner en France; mais nous, dans le souverain placé à la tête d'un peuple aussi renommé que le nôtre par son esprit et ses lumières, nous aimons à admirer, par honneur et par orgueil national, un esprit vaste et cultivé, de profondes et larges vues d'administration politique, une expérience saine, de la grandeur d'âme, et les hautes qualités du cœur en harmonie avec les nôtres. Avec de pareils titres et de pareilles vertus, pourvu que l'équilibre des trois pouvoirs soit conservé dans leurs limites respectives, et que le résultat des royales occupations ne s'écarte pas de la sécurité de l'état et du bonheur du peuple, peu importe, au fond, que le travail en commun de telle ou telle proposition participe des attributions si déliées, si corrélatives de l'administration ou du gouvernement; le roi seul a le droit de régner, mais il a le droit de faire concourir ses lumières aux actes du gouvernement et de l'administration, avec les lumières de ses conseils, chargés de rendre sa personne inattaquable et sacrée en l'empêchant de mal faire.

Les hostilités de l'étranger, les crises de la guerre, n'excusent pas davantage le régicide. En vain le régicide viendrait-il se colorer des grands mots du salut de la patrie dans le désespoir d'une bataille, et chercher un trophée de gloire dans l'assassinat nocturne d'un prince ennemi campé devant vos portes; quels que soient les considérations puissantes, les immenses résultats du régicide et l'intrépidité que l'on ait apportée à l'accomplir, l'action n'en ressort pas moins dans toute son exécrable perfidie, l'assassinat ne se reflète pas moins tout entier et tout ruisselant d'horreur et d'atrocité dans ce tableau de sang : cet homme est là, dans son cabinet, dans sa tente, écrivant, assis devant son bureau, ou reposant étendu sur son lit de camp; il ne se défie pas de vous, il n'observe pas vos mains, il ne vous aperçoit pas, il dort..... Se retrousser les bras, s'approcher doucement de lui, fixer froidement le regard sur l'endroit le plus sûr, le plus mortel, et, quand la place de son cœur ou l'intervalle de son cou est bien mesuré, lui enfoncer un couteau dans la poitrine ou lui trancher la tête d'un coup de cimeterre ! Il y a dans cette glaciale intrépidité une barbarie exécrable, une monstruosité des plus révoltantes.

Dans une bataille, dira-t-on, c'est de même le trépas, il y a plus de sang versé, plus de meurtres, plus de carnage, c'est plus hideux encore ; non, chacun est son à poste, on se rend feu pour feu, coup d'épée pour coup d'épée ; il y a, pour ennoblir ces douloureux faits d'armes, la bravoure de l'attaque, la bravoure de la défense ; mais égorger un homme sans défense ! par surprise ! dans son sommeil ! Le parti qu'un pareil forfait rend victorieux pourra, sans doute, s'en réjouir ; jamais les moralistes d'aucune époque ni d'aucun pays du monde n'applaudiront à un pareil trait de férocité, jamais aucune législation de l'univers ne consacrera la trahison et l'assassinat.

Les traits historiques qui se rapprochent le plus en ce genre sont la mort d'Holopherne et celle de Kléber.

Judith, pour sauver la ville de Béthulie, assiégée par Holopherne, se rend au camp de ce général assyrien, et fait briller à ses yeux toute la puissance de sa rare beauté. Au sortir d'un somptueux festin, où elle avait été admise à côté d'Holopherne, elle passe seule avec lui dans sa tente, et profite de l'instant où ses sens sont ensevelis dans la double ivresse du vin et de la volupté pour détacher son cimeterre et lui trancher la tête [1].

En reportant ses regards sur les nombreux exemples que l'histoire des peuples nous offre d'attentats contre la vie des

---

(1) Voyez, pour la mort de Kléber, fragmens historiques.

souverains, il est impossible de ne pas être frappé de deux réflexions d'une effrayante vérité; la première concerne les meurtriers, la seconde leurs victimes.

La première, que, parmi les misérables auteurs de ces crimes, le plus grand nombre étaient fervens dans les pratiques de l'église, et que tous, champions déterminés de toutes sortes d'intérêts faux ou réels, s'étaient endurcis dans la conviction que leur crime serait une œuvre méritoire aux yeux du ciel ou de la nation. Soit frénésie, soit faiblesse, soit hypocrisie ou crédulité, ces hommes, peu à peu emprisonnés dans les tenailles d'une inspiration persécutrice, se laissaient subjuguer par une préoccupation de meurtre qui dévorait leur cerveau, et l'emportait toujours sur toute autre réflexion étrangère; quelques-uns d'entre eux, criminels exclusifs, forcenés par abstraction, n'étaient ni sanguinaires par tempérament ni par caractère, ni enclins à des penchans de méchanceté; rien dans le commerce intime et familier de leur vie, rien dans les relations de leur existence extérieure n'eût pu les faire soupçonner de la cruauté nécessaire à l'accomplissement de pareils forfaits; on remarquait seulement en eux des goûts fortement prononcés pour la solitude, des habitudes de silence, de mélancolie et de taciturnité.

Une commission de la chambre des pairs, choisie dans son sein, a été chargée de recueillir des faits sur la conduite, le caractère et les habitudes de l'assassin du duc de Berry, de cet infâme Louvel qui, depuis cinq ans, nourrissait dans son esprit et portait partout la préméditation de détruire de sa main, l'un après l'autre, tous les membres de la famille royale, en commençant par le plus capable de postérité. Dans toute les villes qu'il a visitées il a laissé le souvenir d'un homme d'un caractère sombre et taciturne; tous ceux sous les yeux de qui il a le plus long-temps vécu, comme les gens des écuries du roi, sont venus répéter jusqu'à satiété qu'il leur paraissait à tous un camarade obligeant, mais bizarre, fuyant les hommes, aimant à rester seul, tout en disant pourtant qu'ils auraient été bien éloignés de le supposer capable d'un assassinat.

Que nous ont révélé les dépositions sur le caractère d'Alibaud, de cet homme qui a accompli avec un sang-froid jusque là sans exemple, l'acte qu'il avouait lui-même être le plus effrayant et le plus désordonné de la nature, celui d'arracher la vie à son semblable? Rien, seulement qu'il aimait beaucoup la solitude, qu'on le rencontrait souvent assis sur une pierre de la promenade publique, la tête appuyée dans les mains et les coudes sur les genoux, dans une attitude inclinée et pensive; il parlait parfois de son chagrin d'avoir embrassé la profession de marchand, qui, de longtemps, ne lui donnerait les moyens de secourir son père et sa mère; il ne manifestait pas d'autre défaut que cette inclination mélancolique et rêveuse, cet amour du silence et de la solitude; il était circonspect dans ses opinions, et menait une vie tranquille et concentrée. La nouvelle de son attentat a étonné tous ceux qui le connaissaient et le fréquentaient; personne ne l'en eût supposé capable, tant ses habitudes semblaient paisibles et douces.

Si les fermentations de la solitude ont donné aux projets du régicide une teinte plus sombre, une détermination plus endurcie et plus inébranlable, il est d'autres fanatiques plus grossiers, moins pensans, et que d'affreux sermens donnés, l'amour-propre de coterie, la fanfaronnade, la faiblesse, la crainte d'une moquerie de la part de leurs complices, rendent non moins redoutables, en les poussant par fausse honte à l'accomplissement d'un grand forfait promis en commun. Personne n'ignore quelle force d'égarement, quelle chaleur de détermination obtiennent sur les cerveaux les plus fragiles les allocutions de clubs, les engagemens pris au sein des sociétés.

Pour peindre dans toute leur vraisemblance le caractère et les formes de ces stupides forcenés, je ne puis mieux faire que de chercher à *dramatiser* une séance présumable d'une de leurs réunions.

La scène se passe dans une mansarde de la rue Brise-Miche, éclairée par une seule lucarne donnant sur les toits; au fond, devant une table de marchand de vins, formant le bureau, est assis sur un tabouret le président, fumant une longue pipe à tuyau de cuir et lisant un journal; quelques bouteilles de cidre et un flacon d'eau-de-vie sont sur la table; cinq ou six membres, en casquette, en blouse, en veste, en tenue d'estaminet, portant moustache et longue barbe, s'entretiennent ensemble en écalant des marrons et mangeant des pommes cuites et des pommes de terre frites; un d'eux, assis derrière la porte, ratisse une côtelette de porc frais qu'il a sortie d'une boîte de ferblanc ovale placée entre ses genoux.

LE PRÉSIDENT *(à demi-voix)*.

Encore une fois manqué! Il faudra que je m'en mêle!

UN MEMBRE.

Nous n'en sortirons donc jamais! Le pain cher, pas d'ouvrage, des machines à vapeur partout! Encore l'autre jour, nous étions vingt mille dans Paris pour jeter la neige à la rivière, voilà les tombereaux à bascule qui nous coupent les bras. Oh! si je le tenais là au bout *(Il fait le simulacre de viser)*, je ne le manquerais pas, moi.

UN DEUXIÈME MEMBRE.

Et moi donc! Hier soir je vendais tranquillement mes contre-marques à la porte de l'Ambigu, voilà une poussée de filous qui arrive; on crie au voleur! à la garde! Les sergens de ville de Louis-Philippe tombent sur moi; je veux riposter, on m'assomme, on me déchire mon pantalon et ma bretelle, et on me jette arbitrairement au corps de garde pour ma nuit, merci! Le gouvernement, c'est un tas d'horreurs et d'injustices; il me paiera çà, l'autre,

UN TROISIÈME MEMBRE.

Sous l'empereur, nous ne serions pas comme cela. Dans ce temps-là je vendais quinze, vingt, trente cahiers de chansons par jour, et des bulletins de l'armée toute l'année, l'été, l'hiver, c'était plein de batailles, plein de victoires. Il n'y avait pas de morte saison pour la gloire.

UN QUATRIÈME MEMBRE.

Tais-toi donc, avec ton empereur; empereurs, rois, c'est tout de la même clique, de la même sainte alliance, comme dans le journal. L'empereur, il ne valait pas mieux que les autres; c'est lui qui m'a tiré, dans le cul-de-sac Dauphin, un coup de mitraille que je boite d'enfance. Je n'étais pas plus haut que la table, je courais partout avec mon père. J'étais avec la pièce de six qu'on a montée par le grand escalier à droite dans les Tuileries, la première fois : je connais les êtres des Tuileries comme ma poche ; c'est mon père qui a empêché de faire feu sur la chambre de Louis XVI. Je le vois encore : c'était un gros homme en cheveux poudrés à la houppe volante. Mon père, qui avait des manières et qui n'aimait pas tuer, lui dit : *Allons, viens avec nous, tu es un brave homme*, et puis il lui mit son bonnet de la liberté sur la tête, en lui disant de crier : *Vive la nation!* De ce coup-là, mon père, qui savait lire et écrire, fut nommé d'emblée sous-greffier municipal d'une prison. Ah! c'était là qu'il y avait de la besogne! En a-t-il inscrit de ces noms! en a-t-il appelé de ces gredins de royalistes! C'est lui-même qui a été chercher la Lamballe, et qui lui a dit, parlant par respect : *Allons, citoyenne, on t'attend, donne-moi la main*. Il gagnait bien sa vie. Après cela, les malheurs sont arrivés; on l'a chassé de sa place sans un sou d'indemnité; il ne lui est resté qu'un gros tas d'imprimés qui m'ont servi à apprendre à lire. Des têtes! des têtes! il n'y a pas d'autres moyens pour ramener la république.

UN CINQUIÈME (*fronçant le sourcil et gonflant sa lèvre supérieure*).

Il n'en faudrait qu'une.

TOUS.

Bravo! bravo!

(*Lorsque toutes les provisions ont été consommées en famille, chacun allume sa pipe à la chandelle du président, et boit à même le flacon d'eau-de-vie. On entend frapper à la porte.*)

UNE VOIX DE L'INTÉRIEUR.

Qui vive?

UNE VOIX DU DEHORS (*d'un ton mystérieux*).

Transnonain.

(*On ouvre; plusieurs membres entrent successivement.*)

UNE VOIX.

Sept, huit, neuf, dix. Complet.

(*Le président frappe trois coups sur la table avec le talon de sa pipe, et se lève.*)

LE PRÉSIDENT.

Citoyens, jusqu'à présent la sainte cause de la république a joué de malheur: soulèvemens, émeutes, accord unanime, dévouement partiel, tout a échoué devant le hasard et les précautions des lâches qui nous oppriment. Le tyran vit encore; il a encore été manqué ce matin; mais l'avenir du peuple n'est pas désespéré tant qu'il restera des âmes héroïques comme les vôtres pour sauver ses intérêts. La mesure des maux est débordée, vous le sentez vous-mêmes, et nous ne saurions trop vous répéter que c'est du trône seul que viennent toutes nos souffrances; il nous faut maintenant des lois qui assurent l'existence et l'aisance de tous. Aujourd'hui, les puissans et les riches nous écrasent comme une vile poussière; demain, avec la république, chaque citoyen marchera l'égal des riches et des puissans; mais il faut de la résolution, le grand œuvre de la régénération politique est dans vos mains. Quels immenses bienfaits vous allez rendre à la patrie! Une fois le chef de la monarchie à bas, honneurs! liberté! richesses! jouissances! voilà ce que vous aurez conquis pour vous et pour tout le monde! Un bras seul, un bras courageux et déterminé, et la France est sauvée! Nous allons procéder au tirage pour savoir à qui l'honneur de délivrer le pays.

(*Le président met plusieurs billets blancs et un billet noir dans un bonnet phrygien, et les remue.*)

LE PRÉSIDENT.

Citoyens, approchez chacun à votre tour.

(*Une vive agitation se manifeste dans l'assemblée.*)

UN MEMBRE (*tirant son billet*).

Cré coquin! chou blanc, ce n'est pas moi.

UN DEUXIÈME MEMBRE.

Ni moi non plus. J'enrage-ti. (*Il jette son billet avec un geste de colère.*)

UN TROISIÈME MEMBRE.

Nom d'un tonnerre! si c'est moi, je réponds bien de la chose. (*Il tire son billet.*) Tiens, tout juste! (*Il pâlit et tremble.*)

UN QUATRIÈME MEMBRE.

Ah! c'est Jean-Louis! honneur à Jean-Louis! Tiens, mais comme tu trembles! comme te voilà pâle!

JEAN-LOUIS.

Parbleu, c'est de joie, mes amis. (*A part.*) Ça me fait un effet, tout de même.

LE PRÉSIDENT.

Citoyens, rangez-vous autour de l'élu du destin. (*A Jean-*

Louis.) Approche, Jean-Louis, écoute : le sort a daigné aujourd'hui t'appeler à l'honneur de changer la face morale et politique de la France tout entière ; ce n'est pas peu de chose. Tu vas jurer sur ce poignard, qui a appartenu au grand citoyen Robespierre, d'accomplir au jour qui te sera désigné par nous l'œuvre de la délivrance nationale.

JEAN-LOUIS.

Je le jure.

LE PRÉSIDENT.

Souviens-toi que la mort par ce poignard est le châtiment réservé au traître et au parjure, et que, s'il échappe à ce poignard, il n'échappera pas au mépris souverain de tous les membres de notre société.

JEAN-LOUIS (*avec dignité*).

Président, je ne crains pas la mort, je ne crains que la honte.

UN CINQUIÈME MEMBRE, *au front élevé, aux cheveux longs, épais et en désordre.*

Dis donc, Jean-Louis, veux-tu changer avec moi?

JEAN-LOUIS.

Ouais! pas si bête!

LE PRÉCÉDENT.

C'est qu'avec tes grandes paroles tu ne m'as pas l'air bien solide ; c'est que, vois-tu, moi, ça m'irait bien ; je me sens quelque chose là ; je me suis toujours dit que j'étais né pour faire un grand coup. Tiens, regarde mon front, morbleu! n'est-ce pas que j'ai une belle tête d'échafaud?

JEAN-LOUIS.

N'aie pas peur, Jean-Louis saura mourir aussi crânement que toi.

LE PRÉCÉDENT.

Eh bien! nous irons te voir, nous serons tous là.

LE PRÉSIDENT.

Citoyens, ce n'est pas de frivolités pareilles qu'il faut nous occuper, il ne s'agit pas de savoir mourir avec fierté, ça viendra toujours. L'échafaud ne manquera pas son coup, c'est de ne pas manquer le vôtre. (*A Jean-Louis.*) Jean-Louis, souviens-toi qu'au jour et à l'instant désignés nous serons autour de toi pour affermir ton courage, et que les mânes de Fieschi et des autres martyrs de la tyrannie te contempleront du haut de leur gloire immortelle.

JEAN-LOUIS.

Vivent la république et la guillotine!

(*Jean-Louis reçoit l'accolade du président et des autres membres. La séance est terminée.*)

Le cri d'adieu des rives du Tibre, le *morituri te salutant César*, n'était pas plus absurde, plus extravagant et plus ridiculement fanatique. Hé bien! cet homme qui, laissé à lui-même, à ses habitudes, ne commettrait peut-être pas le moindre excès sur le dernier, sur le plus faible des êtres, échauffé par l'exaltation commune, enivré des fumées de l'amour-propre, contenu d'un autre côté par la crainte d'un faux déshonneur, n'osera pas braver les reproches, les moqueries ou les violences de sa misérable coterie, et, par timidité, tirera sur la personne du Roi.

Étrange pervertissement des sentimens humains qui s'opère dans le cœur de l'homme infecté de régicides projets! Que d'instincts puissans, que de naturelles impressions à étouffer dans cette âme qu'il faut dessécher et endurcir jusqu'à la plus complète insensibilité! Lois générales de la nature, lois de la société, douce voix de la famille, il faut tout repousser, tout fouler aux pieds.

Cette règle éternelle, comprise de tout homme civilisé, écrite de la main d'une archange avec la pointe d'une épée de feu sur la pierre, et qui brille armée d'une sanction formidable au frontispice de toutes les législations de l'univers:

Tu ne disposeras point de la vie de ton semblable; la justice de Dieu sur la terre demandera compte aux hommes de la vie des hommes, au frère de la vie de son frère; rien n'apporte plus à leur âme aucun frémissement, aucune émotion; c'est un thème d'inflexibilité forgé à froid pour se maintenir dans leur détermination exclusive; relisez tous les interrogatoires des régicides, vous verrez combien ils se sont travaillés pour triompher de tous ces principes et de toutes ces impressions; et combien le voile épais qui aveuglait leur raison acquérait chaque jour sur leurs délibérations de pesanteur et d'obscurité.

La démence les égare à un tel degré que, dans les préparatifs de leurs forfaits, à l'approche de l'instant fatal, ni l'horreur du sang qu'ils vont verser, ni les murmures de la chair, cette sympathie purement matérielle de la souffrance organique à la vue de l'être dont les organes vont souffrir, ni la crainte d'un supplice inévitable, ni l'exemple des tortures infligées à leurs parricides prédécesseurs, ni l'aspect du néant, rien de tout cela n'exerce le moindre effroi sur eux; ils domptent toutes ces terreurs communes, tous ces secrets avertissemens de la nature; ils les rejettent loin d'eux, s'exercent à comprimer le cours de leur sang, à diminuer le nombre et la force des pulsations de leurs artères, et, à l'approche de la victime, à l'instant de lui adresser le coup fatal, ce qu'ils redoutent le plus, la seule chose qu'ils redoutent, c'est de trembler.

Quelques-uns, autrefois, ô comble du sacrilége et de la plus grossière superstition! pour donner à leur main la sécurité nécessaire, plaçaient la veille, sur l'autel, leur poignard ou leur espingole; ils s'approchaient de la sainte communion, ils faisaient descendre dans leur âme, toute prête au plus odieux des crimes, le dieu de paix, de douceur et de bonté, qu'ils associaient à leur exécrable mission!

La seconde réflexion, non moins frappante que la première, s'appuie sur la position des augustes personnages que l'attentat politique a marqués pour son point de mire. Dans la sinistre et implacable logique du régicide, et surtout du régicide moderne, le caractère, les défauts, le mérite, les mœurs, tout ce qui se rattache à l'individualité royale, n'entre ordinairement pour rien dans la détermination à laquelle il s'est imposé d'obéir. Que le souverain répande autour de soi des bienfaits ou des iniquités, qu'il gouverne, administre ou se contente de régner, qu'il soit l'idole ou la haine de sa famille, de l'armée ou de son peuple, homme d'esprit ou inepte, fainéant ou studieux, passionné pour la chasse ou pour les affaires publiques, pacifique ou guerrier, législateur ou ami des lettres, mondain ou dévot, vertueux ou débauché, rien ne peut arrêter les projets du régicide. Après deux années du plus heureux, du plus doux des gouvernemens, Titus, les délices du monde, meurt empoisonné. La bonté, la popularité, ne défendent pas Henri du poignard de Ravaillac; notre Kléber, le représentant de la gloire française au milieu des sables de l'Égypte, Kléber, dont les Égyptiens admiraient dans un respect profond les hautes et brillantes vertus, et dont les ordres, aussi vénérés que les préceptes du Koran, l'avaient fait surnommer le Sultan-Juste, Kléber, en punition de sa victoire d'Héliopolis, est immolé, par l'yatagan d'un jeune pélerin, à la vengeance de Jussuf-Pacha.

Le souvenir d'un bienfait personnel ne désarme même pas le bras de l'assassin. Le duc de Guise rétablit les affaires en désordre de Poltrot, l'admet dans son palais, le comble de ses libéralités et de ses bonnes grâces, et deux jours après reçoit la mort des mains de ce même Poltrot.

Ce n'est donc pas la personne, c'est le système politique qu'elle représente et maintient qu'il importe à l'assassin de frapper; ce n'est pas le monarque, mais la monarchie; frapper le roi pour détrôner la royauté, renverser l'homme pour que le chef qui porte la couronne s'écroule avec elle, voilà sa profession de foi exclusive, son intention inflexible et calcinée au feu toujours actif de ses taciturnes méditations.

Que, par une de ces imprévues nécessités du destin, le souverain résigne le diadème, son infatigable ennemi, cet homme qui escorte si fidèlement ses pas des années entières, et qui épie toutes ses promenades, cet homme qui sacrifie toutes ses habitudes, ses emplois, son temps, tout, jusqu'aux dernières ressources de son existence, pour se trouver prêt au meurtre à tous les instans de ses apparitions publiques, et le rencontrer face à face; ce même homme, demain, va jeter loin de lui son poignard et tendre sa main désarmée à celui qui ne devait périr que sous ses coups; sa haine si farouche, si tenace, s'éteint à l'instant; il ne voit plus dans ce front qui a porté la couronne qu'un simple patricien qu'il serait le premier à défendre comme tout autre homme, contre des assassins vulgaires et de grands chemins.

Etrange et déplorable composition entre le cerveau du régicide et sa conscience! A ses yeux, aujourd'hui, son attentat est un holocauste généreux de sa vie offert à son opinion et à la prospérité de son pays, un trait d'héroïsme et de vertu ; demain, ce sera une honte, une lâcheté, un forfait odieux et inutile.

Mais il est rassurant, pour l'honneur de la civilisation et la cause des monarchies, de dire qu'aucun de ces régicides n'était remarquable par la supériorité de son esprit, de son raisonnement et de ses lumières; les plus éclairés en apparence n'avaient reçu qu'une instruction imparfaite, ne possédaient que la surface d'une érudition sans ordre et sans suite, ou plutôt n'avaient que la science de quelques faits historiques en harmonie avec leurs sinistres préoccupations; l'acquisition de ces seules connaissances qu'ils se fussent données exprès, et comme une espèce d'autorité dont ils voulaient se fortifier contre les scrupules de leurs consciences, ne remontait guère plus haut que les premières conceptions de leurs projets.

Ravaillac, malheureux dévot dont le cerveau égaré était

empoisonné de tous les venins de la ligue, avait continuellement devant les yeux et ne lisait et relisait que les histoires d'Aod assassinant le roi des Philistins, de Judith profitant de l'assoupissement d'Holopherne pour l'égorger au sortir de ses bras, de Samuël coupant par morceaux un roi prisonnier de guerre, envers qui Saül n'osait violer le droit des nations.

La veille de son attentat, on trouva Jacques Clément, ce moine grossier et superstitieux, endormi devant son bréviaire, ouvert et tout gras, tout usé, au chapitre du meurtre d'Holopherne par Judith.

Louvel avoua qu'il n'avait appris à lire que dans les livres des théophilantropes de 1794, et n'en avait jamais lus d'autres.

Avons-nous rencontré un régicide plus grossier et plus grotesquement stupide et illettré que Fieschi?

La perfection, la culture de l'esprit n'enfante jamais de régicides, elle n'en appelle jamais au poignard des vices du gouvernement, elle éclaire et n'assassine pas les rois. Le fanatisme ne s'empare que des esprits faibles, fragiles ou mal éclairés; jamais il ne choisira dans les hautes régions de la science. Le seul esprit que certains régicides aient montré est un instinct d'hypocrisie commun avec l'épervier et le chat sauvage. Pour écarter toute idée de soupçon, approcher plus près de leur victime, et assurer l'exécution de leur forfait, presque tous cachaient le ferment de leurs criminels projets sous les formes de la modestie, de la douceur et de la plus naïve simplicité.

Ce qu'il y a de plus redoutable dans le régicide, c'est cette conviction erronée et trompeuse avec laquelle il s'identifie, à laquelle rien ne peut l'arracher, et dont il veut rester l'apôtre opiniâtre : espèce de fascination servile, de vision exclusivement concentrée sur un seul objet qui ne lui laisse voir que son but, et dérobe à sa vue tous les obstacles qu'il faut renverser pour l'atteindre.

La fermentation de son esprit une fois montée à ce degré d'exaltation, le fanatisme envahit toutes les facultés de son cerveau, et enseigne à son âme à tout braver sans crainte, à tout souffrir sans faiblesse et sans murmures; c'est une pente étroite et rapide du haut de laquelle le char de sa volonté s'est lancé avec impétuosité; rien ne peut plus le retenir ni le détourner; déplorable usage des forces de l'âme et de l'énergie de la volonté!

Quelles sont donc la puissance inévitable du fanatisme et la destinée des rois? La bravoure des conquérans, la magnanimité des héros, n'empêchent pas le germe de cette foudre cachée de couver en silence au-dessus de leur tête. Les coups du régicide sont aussi imprévus, aussi rapides que l'éclair. Dans des jours de calme et de sérénité, parmi tant de milliers de nuages légers et paisibles qui passent indifféremment au-dessus du globe, qui pourra prophétiser qu'à tel jour, à tel instant, des flancs de l'un d'eux, de celui-là, doit partir ce trait de feu qui peut- être réduira en poudre une métairie superbe, un village, une ville entière? Parmi tant de millions de tranquilles, d'excellens citoyens, dont le seul bonheur repose dans les soins de leur famille et la sécurité de l'état, qui pourra révéler qu'à tel jour, à telle heure, à tel endroit, doit sortir du milieu d'eux un bras qui traversera murailles, grilles et soldats, et viendra frapper un prince entouré de ses courtisans, au sein de sa famille, au retour d'une œuvre de bienfaisance, dans la pompe des plaisirs, ou se rendant à l'accomplissement solennel d'un de ses grands devoirs politiques?

Quel nouveau Franklin pourra détourner et éteindre ce sillon de feu dont le grain s'est formé sourdement au cœur d'un misérable fanatique, errant peut-être dans un coin obscur de la terre, ou relégué dans une de ces tavernes honteuses où bouillonne, avec la débauche, le levain des passions et des excès de tous genres?

Monarques, opposez donc au pistolet tout armé sous le

manteau, sous le chapeau du régicide inaperçu dans la foule, votre courage éprouvé dans les camps, votre sang-froid inébranlable et chevaleresque au milieu des dangers, votre témérité de soldat sous la mitraille de l'ennemi; faites-vous donc un rempart de l'amour de vos sujets et de la sagesse de vos institutions!

Et vous, ministres prudens et éclairés, au monarque impatient de voir d'autres visages que les fronts sourcilleux et austères de la diplomatie, conseillez, sous peine de votre abdication, le séjour de son château royal, le huis clos hermétique de ses appartemens comme à un malade, les voyages incognito, le changement journalier de ses habitudes, de travaux, de repos et de sommeil, et les cottes de maille du peureux Louis XI; écartez de sa main la main timide et agitée au bout de laquelle s'élève en tremblant l'humble pétitionde l'homme en disgrâce, épaississez autour de lui les triples rangs de soldats dans ses rapides momens d'apparition d'un vestibule à l'autre, analysez tous ses mets avant qu'ils n'approchent de ses lèvres, ordonnez toutes les précautions et les mesures que votre imagination, votre habileté et votre zèle vous suggèreront : eh bien! j'ai horreur moi-même et je frissonne de le dire, que, par malheur, et le ciel l'en préserve! un fanatique imitateur d'Alibeau (1) existe en France, plus inventif, plus persévérant, plus vigilant que vous, dans deux ans, dans cinq ans, dans dix ans, vous prenant une minute au défaut de votre surveillance, il se trouvera coude à coude avec le monarque.

Ces réalités historiques sont douloureuses et terribles, sans doute, non pour un souverain au caractère français, mais pour sa famille et pour nous. Henri III, mourant par

---

(1) Cet ouvrage était écrit en août dernier; j'étais bien éloigné alors de penser que mes réflexions dussent se vérifier si vite; l'attentat de Meunier m'a déterminé à le publier, après quelques changemens et quelques additions.

le poignard d'un dominicain forcené, les léguait froidement, avec le sceptre et la couronne teints de son sang, à Henri IV, et conjurait le ciel de le préserver d'un destin pareil.

Valois tourna vers lui, par un dernier effort,
Ses yeux appesantis qu'allait fermer la mort,
Et touchant de sa main ses mains victorieuses,
Retenez, lui dit-il, vos larmes généreuses :
L'univers indigné doit plaindre votre roi.
Vous, Bourbon, combattez, régnez et vengez-moi.
Je meurs, et je vous laisse, au milieu des orages,
Assis sur un écueil couvert de mes naufrages ;
Mon trône vous attend, mon trône vous est dû ;
Jouissez de ce bien, par vos mains défendu ;
Mais songez que la foudre en tout temps l'environne,
Craignez, en y montant, ce Dieu qui vous le donne.
Puissiez-vous, détrompé d'un dogme criminel,
Rétablir de vos mains son culte et son autel (1).
Adieu, régnez heureux, qu'un plus puissant génie
Du fer des assassins défende votre vie.

VOLTAIRE (*Henriade*, chant V.)

Un souverain connaît ces vers par cœur ; il sait qu'un trône est un écueil environné d'orages en tout temps, il n'y monte avec fermeté qu'à condition de toujours les attendre et de ne les jamais redouter. Ce n'est qu'au moyen de cette magnanime abdication de sa vie toujours prête, toujours signée, qu'il peut régner tranquille et montrer cette admirable sérénité d'âme sur un trône d'où tant de royales têtes ont été renversées par le poignard ou le plomb d'un traître.

Le régicide est le péril du trône, comme les éboulemens de terre et les naufrages sont les périls de la mine et du vaisseau. Première sentinelle de la nation, placé sur la plus

---

(1) Henri IV ne fit son abjuration de la religion réformée que le 25 juillet 1593, Henri III mourut le 2 août 1589.

haute éminence de son royaume, toujours exposé au feu de quelque ennemi caché, un monarque doit être brave et incapable d'effroi, comme le marin que les flots peuvent engloutir à chaque instant, comme l'intrépide mineur enseveli dans les sombres profondeurs de son abîme de soufre, et continuellement menacé d'être écrasé par le bloc chancelant de houille sous lequel il travaille, en fredonnant les délices de l'air pur et de la lumière des cieux.

Bien loin que la vérité de ces réflexions, qui n'est que trop frappante, soit de nature à entraîner d'involontaires détachemens de la personne du souverain, à isoler les affections découragées, et à ne répandre dans les cœurs qu'une tiédeur plaintive et gémissante pour les dangers trop inévitables de la couronne, elle doit ranimer, au contraire, au plus haut degré d'énergie le sentiment de défense, de protection et de conservation du trône, et resserrer autour du monarque l'amour et le dévouement des citoyens, dont les intérêts sont enchaînés à ses intérêts, et la sécurité à la sienne.

Inévitables! Non, il y a trop de fatalité dans ce mot; non, ce n'est pas la main de la fatalité qui sème les jours des humains, les compte et les moissonne; ce n'est point sa puissance qui gouverne leurs actions. Ce sophisme de lâcheté serait le dissolvant le plus mortel de l'organisation morale; il effacerait d'un seul trait le crime et la vertu, en arrachant à l'un sa noirceur et ses fers, à l'autre ses palmes et son mérite. Nous ne sommes pas les jouets serviles de la fatalité; une intention, un raisonnement, un mobile que notre volonté libre peut remuer, faire agir, élever, tourner et détourner à son gré, comme le pilote manœuvre le gouvernail d'un vaisseau, préside à notre règle de conduite, pèse nos projets, et fixe nos déterminations. Dissuadez-vous, l'homme a toujours un but dans la marche de ses opérations, autrement il y a démence, il y a délire; on se garera aisément d'un fou, d'un maniaque; mais l'homme doué de raison, l'homme pleinement en possession de toutes ses forces intellectuelles! démontrez-lui l'inaccessibilité de son but, l'impossibilité d'atteindre à ses fins, même après l'épuisement ou la réussite des moyens, et vous l'aurez désarmé. Il n'est pas un homme qui, dans la froide tranquillité de ses ruminations, se dise : c'est une bien cruelle et bien terrible extrémité que celle de frapper de mort son semblable; n'importe, une irrésistible fatalité me l'ordonne, je frapperai... J'en suis sûr, j'en suis convaincu d'avance, si je manque de tuer, je ne réussis pas et je meurs; si je tue, je meurs de même, et je ne réussis pas davantage, mon trépas n'est utile à personne; n'importe, j'obéis à la fatalité, je frapperai pour mourir, je frapperai uniquement pour livrer ma vie au vent et mon corps à la poussière. Non, non, parmi tous ces régicides si ardens à mourir, si ambitieux d'utiliser sur l'échafaud leur sang pour l'intérêt des peuples, vous n'en trouverez pas un seul (et les régicides ont leur logique), qui, bien persuadé de ne rien opérer de nouveau, de ne rien changer, consentira à subir la moindre égratignure inefficace.

Eh bien! plutôt que de supprimer les revues, de tripler les dépenses de frais de police, ne vaudrait-il pas mieux convaincre d'impuissance et guérir par les lumières du raisonnement les cerveaux travaillés de la fièvre des conspirations et du régicide, dont les accès, renouvelés tant de fois en si peu de temps, ont tant de fois jeté la terreur et l'inquiétude dans toutes les classes de la société? Ne serait-il pas plus salutaire de leur démontrer clairement que la monarchie constitutionnelle est impérissable en France? Ce vieil axiome de nos pères : le roi ne meurt pas, est trop elliptique, et ne décourage pas assez les calculs et l'opiniâtreté des meurtriers. Louvel, un instant arrêté par cette idée, s'était ravisé, et avait conçu le vaste projet d'assassiner tous les mâles de la famille royale, réservant le roi pour le dernier de ses coups.

Et, puisqu'il faut dire aussi quelque chose de cet incomparable fanatique, doué d'une trempe d'âme si ferme, et dont le crime a laissé après lui une si froide stupéfaction, Alibeau a prouvé qu'il ne comprenait ce principe de continuité monarchique que d'une manière trop restrictive et trop matérielle. Quel était son but? l'installation de la république. Déplorable victime de plus de cette manie gouvernementale jointe à l'insuffisance de lumières qui s'empare des cerveaux disponibles à toute espèce d'enthousiasme! le roi lui portait obstacle; il voyait en lui le représentant d'une monarchie qui s'affermissait de jour en jour, et refoulait de plus en plus les débiles espérances d'une organisation républicaine. Quel était son moyen? l'assassinat du monarque. Sa combinaison et l'époque choisie pour l'accomplissement? l'absence du prince royal. Il calculait que l'héritier du trône constitutionnel, absent, ne pourrait être tout de suite proclamé roi, qu'il y aurait au moins un interrègne de quelques jours, et que cet éloignement laisserait à une révolution nouvelle le temps de s'opérer avant son retour. Terrible aveuglement des passions et de l'ignorance! Est-ce que le principe d'hérédité du gouvernement constitutionnel a besoin de la présence de l'héritier pour être mis en exécution? N'est-ce pas un dépôt religieux confié à la loyauté, à la sagesse et à la fermeté des représentans du pouvoir et de la nation? Est-ce qu'un droit n'existe pas par la force intime des lois et des constitutions qui nous régissent? Est-il besoin, pour proclamer un roi, qu'il se trouve au milieu de son palais, qu'on le voie, qu'on lui parle, qu'on le touche; et si, le roi expirant sous le coup lancé par la main d'Alibeau, aux soldats de l'armée d'Afrique, au milieu de qui se trouvait alors le jeune prince et dont il partageait les fatigues et les périls, eût appartenu l'honneur de saluer les premiers sa royauté nouvelle, et de faire retentir dans les sables du désert, aux pieds du Caucase ou de l'Atlas, à travers quelque gorge escarpée, ces cris : *Le roi est mort, vive le roi!* n'y aurait-il pas eu long-temps déjà que tous les pouvoirs de l'état, réunis de leur propre mouvement, auraient, au sein des deux chambres, sanctionné les droits du prince royal au trône, et fait proclamer, en son absence, son investiture par toute la nation française?

Bien! mais il espérait que la force brutale aurait en peu d'instans renversé le trône et le principe. Quoi! ne savait-il pas que ce peuple aux milliers de bras, si puissant pour anéantir d'un seul effort tout ce qu'il veut renverser, reste aussitôt après inhabile à s'administrer par lui-même un seul jour, et le lendemain retombe d'épuisement et d'incapacité au même point et devant cette même autorité qui se relève de son étourdissement et reprend le cours de ses fonctions habituelles?

Après la révolution de juillet il s'était glissé, dans quelques esprits médiocres, un amalgame de croyances vraiment bizarre, qui, néanmoins, s'est accrédité quelque temps, tant il est vrai qu'il n'est pas de si absurde raisonnement qui ne trouve de l'écho parmi les passions qu'il caresse! En dépit des constitutions du royaume, quelques esprits s'étaient persuadé, et le fait est certain, que Louis-Philippe n'avait accepté le trône que par intérim et pour préparer les voies, les uns disaient à la république, les autres à Henri V. Pouvait-il jamais entrer dans le cerveau d'un homme logiquement pensant, cette idée que l'on trouverait dans toute l'Europe un membre d'une famille royale qui voulût prendre les rênes du gouvernement français, avec le noble titre de roi des Français, pour les transmettre bénévolement au bout de quelque temps; un prince qui consentît à régner par interposition, à rétablir et à maintenir l'équilibre de l'ordre social, à la charge de rendre, à qui de bonne volonté, trône, sceptre et couronne? Il y avait plus que de l'aveuglement, il y avait du délire dans cette hallucination hébétée; elle a pourtant germé, grandi et dure peut-être encore dans quelques têtes rebelles à la lumière;

c'est cette croyance qui, le disaient-ils tout haut, les faisait patienter.

Après les trois journées, parmi les flots de citoyens pleins d'ivresse et d'empressement à déranger les pavés sous les pas du cheval de Louis-Philippe pour lui frayer passage, quelques-uns, debout, immobiles aux pieds des barricades encore fumantes, ne saluaient d'un geste de tête, adressé à la personne du roi-citoyen, que les premiers rayons d'une aurore républicaine qu'ils croyaient voir éclore sur son front. Mais, aujourd'hui, plus d'espoir : Louis-Philippe conserve le trône; sermens rompus, promesses violées, parjures, de là les droits de Brutus traduits en coups de pistolet.

Eh bien! raisonnons donc avec les régicides; ils sont nos concitoyens, ramenons-les aux douceurs de la grande famille, et sauvons-les malgré eux.

De nos jours, que pourrait-on désirer dans l'ensemble de l'organisation politique? le mot seul de *république*. Napoléon, trahi par le destin, forcé de céder au débordement des nations dont il avait aiguillonné le ressentiment, abandonné par le sénat, qui, pour la première fois, osait résister aux volontés de cet homme attristé par les revers et dépouillé de son prestige triomphal et de ses enchantemens de victoire, Napoléon, emporté par un mouvement d'aigreur et de dépit en quittant cette France dont il avait fait flotter les étendards aux dômes de toutes les capitales de l'Europe, cette France que lui seul s'était cru capable de gouverner, avait dit : *Avant trente ans, la France sera républicaine ou cosaque*. Le héros ne vit plus dans cette phrase : c'est un adieu d'amertume lancé par la bouche d'un homme abreuvé de chagrins et de regrets à l'ingrate patrie qui l'exile de son sein; et les partisans de la république de recueillir cette écume de la colère impériale et de la transformer en prophétie, comme si toutes les paroles échappées à un grand homme portaient en elles-mêmes une autorité d'avenir; comme s'il n'était plus possible au grand homme outragé par le destin de subir les vulgaires impressions de l'indignation humaine. Bonaparte lorgnant, démêlant son avenir gigantesque à travers la fumée des décharges qui mitraillaient Saint-Roch, se montrait alors le plus terrible flagellateur de la république, et n'eût pas dit alors à la France: *Tu seras républicaine ou cosaque.*

Mais Bonaparte passant du consulat à l'empire, Bonaparte advenu Napoléon, Bonaparte ceint du glaive du despotisme des mains de la victoire, chef du régime le plus absolu qui ait jamais passé sur la France, pour museler tous les partis, avait fait graver, à l'exemple des empereurs romains, sur les premières pièces frappées à son effigie, d'un côté : *Napoléon, empereur des Francais,* de l'autre : *République française.* Cette seconde exergue était bien la plus audacieuse imposture politique, la plus flagrante moquerie que jamais souverain ait jetée en pâture aux esprits superficiels qui ne se prennent qu'au brillant de l'écriteau; et tous étaient émerveillés devant cette nouvelle monnaie à double revers, espèce de médaille de Janus, où chacun, en fixant ses regards sur son côté favori, retrouvait les emblêmes de ses affections: le sceptre de l'empire ou le faisceau dictatorial, la main de la justice ou la hache des licteurs, l'aigle ou le coq, la civique couronne de chêne ou les fleurons de diamant. Aujourd'hui, nous marchons plus dans l'unité et dans le vrai ; nos bulletins de lois ne sont point intitulés du protocole de la république, point de faisceaux dans les armoiries de l'état, le mot *république* n'est point écrit sur le fronton de tous les monumens publics, comme à Lucques, pays d'affreuse disette et d'esclavage, où le mot LIBERTA est écrit en grandes lettres d'or sur toutes les portes de la ville, sur tous les édifices publics et au coin de toutes les rues; mais le gouvernement a emprunté aux formes républicaines tout ce qu'il y avait de bon et de préférable, tout ce qu'il pouvait fondre sagement et sans péril dans nos institutions monarchiques.

Les théories républicaines, ou, pour être plus exempt

d'erreurs, au milieu de tant d'aberrations, de nuances de volontés différentes et de controverses sur ce thème aussi ancien que les peuples, les opinions républicaines modernes méritent la plus profonde méditation et l'analyse la plus consciencieuse.

Et par ces mots : opinions républicaines, que personne ne s'y méprenne, je m'explique, je suis bien loin de comprendre ces dogmes monstrueux échappés dans des temps d'orage et de délire à la bouche écumante de nos révolutionnaires effrénés : *Au nom de la liberté, sois républicain ou meurs. Pour réussir, ce n'est pas jusqu'aux chevilles qu'il nous faut du sang, c'est jusqu'aux épaules; encore cent mille têtes, et la république est affermie.* Non, j'entends les doctrines sages et lumineuses de ces hommes de bonne foi, désireux d'améliorations sans fureurs, de ces hommes amis des mœurs et de la civilisation, et dont le langage, plein de la plus séduisante philantropie, plaît à toutes les opinions, captive l'estime de tous les partis, de ces hommes dont chacun ambitionne l'amitié avec orgueil, dont la perte fait sentir au cœur de longs et douloureux regrets, de ces hommes enfin dont le génie élevé plane sur l'arène politique comme une éclatante lumière qui éclaire le vaisseau de l'état et ne l'incendie pas (1).

Eh bien! comparons leurs opinions gouvernementales avec les institutions de notre régime, nous verrons qu'il est impossible de se rapprocher davantage par le fond et les formes. Si, dans la scrupuleuse exécution des principes, nous ne pouvons pas dire que, sous le titre de monarchie, nous avons une république de fait, tous les élémens qui nous régissent et servent de base à notre corps politique, à part l'amovibilité de la magistrature, l'électivité des fonctions administratives et le vote universel, sont façonnés sur le

(1) Armand Carrel.

système républicain. Ainsi, dans tous les pouvoirs de l'état, législatif, judiciaire, militaire et municipal, la nation voit siéger ses représentans; à la tribune parlementaire, ses députés choisis par elle; dans l'enceinte de la justice, ses jurés tirés au sort parmi les citoyens, et que, certes, on n'accusera pas de ne pas représenter la société, dont ils sortent, où ils rentrent tous les quinze jours; la force militaire de la nation n'est-elle pas partagée par la garde nationale, qui choisit ses chefs amovibles, et qui concourt avec l'armée à la défense du territoire et au maintien des lois et de la tranquillité publique? aux fonctions municipales, dans les villes et les campagnes, des conseillers de départemens, d'arrondissemens et de communes, présentés par leurs concitoyens, sont institués pour se montrer, auprès des autorités d'un ordre supérieur, les intermédiaires entre l'administration et le peuple, et se porter les organes des vœux et des besoins des localités. L'élection est partout, partout l'intérêt du peuple peut faire entendre sa voix. Que voudrait-on de plus dans une république de nom? ou, pour me servir du tour simple et heureux de notre charmant et inimitable Andrieux :

Q'aurait-on fait de mieux dans une république?

Pas un individu encore ne le sait, je l'affirmerais; je ne m'adresse pas à la tourbe cosmopolite, prête à tout vouloir, à tout crier, à tout proclamer, pourvu qu'on lui jette en pâture du désordre et des cris. Les esprits faibles, vulgaires et superficiels me répondront: Eh bien! nous aimerions mieux, sans rien changer, le mot de république, cela ferait mieux sur les caractères querelleurs et criards. Le Roi serait président à vie, et au moins chacun aurait la chance. Pourquoi donc céder lâchement au despotisme des esprits tracassiers, et attiser par des concessions de guerre lasse le feu de leurs exigences journalières.

Je renvoie ces béotiens politiques aux désastres, aux catastrophes et à la ruine de l'*empire romain*, qui ne fut pendant plus de huit cents ans qu'une véritable république déguisée sous la pourpre.

Ce que nous demandons, me diront les théoriciens, les Archimèdes de la république moderne, ce sont positivement les pièces qui manquent à votre machine du gouvernement constitutionnel monarchique, et qui donneraient à tous ses rouages un mouvement plus fort, plus accéléré, plus vital. Il y aurait bien quelques chocs tous les ans, quelques accidens inévitables à la complication, à la rapidité; quelques temps d'arrêt pour réparer les brèches, opérer les changemens, et reprendre l'équilibre; mais le siècle regagnerait de vitesse, et, au bout du compte........ ce que nous demandons, c'est l'amovibilité de la magistrature, la triennalité au plus des fonctions administratives, soumises à l'élection, et le vote universel.

Puisque voici les seules différences qui distinguent et séparent notre gouvernement du régime républicain, discutons-les loyalement, et sans prévention, l'équerre, le compas, la règle et le crayon à la main.

Dans tous les temps, chez tous les peuples organisés en gouvernement, régis par le lien des conventions, le premier besoin qui s'est fait sentir est celui des lois, la puissance qui a demandé à être investie de plus de force et de plus de respect, est la puissance de la loi, parce que la loi est la régulatrice souveraine des droits, des devoirs et des actions des hommes vivant en réunion, et formant, par leurs relations obligées, le corps de la civilisation générale.

Emanation du juste et de l'équité, appuyée sur les bases de l'équité et du juste, la loi demande à la justice une sanction respectable et imposante, des autels desservis par un sacerdoce inviolable et révéré.

La justice n'est pas un symbole de convention, une simple allégorie céleste chargée seulement de parler à l'imagination des poètes; elle existe sur la terre, nous la sentons, nous la comprenons en nous-mêmes; mais l'infaillibilité, son essence éternelle, ne repose que dans le sein de Dieu. Honneur aux magistrats dont tous les efforts tendent à se rapprocher le plus près possible de cette divine illumination! Dans les premiers siècles de Rome, quelques jurisconsultes, magistrats, revêtus de la pourpre souveraine, reçurent après leur mort le surnom de *divi;* hommage que décernait la reconnaissance du peuple à leur mémoire et à la sagesse de leurs constitutions impériales et de leurs décisions judiciaires.

Pour conserver aux décrets de la justice cette élévation d'origine, et lui donner aux yeux des peuples une plus imposante autorité, les législateurs en ont de tout temps placé la source auprès du trône, par ce principe traditionnel : toute justice émane du roi; c'est au nom du roi que tous les actes de la justice s'exécutent; le droit de révision des arrêts de la magistrature, le droit de faire grâce, sont des attributions de la prérogative royale; cette puissance, le prince la tient de la loi et des constitutions de son royaume. *Ipse imperator per legem imperium accipit.* L'autorité la plus noble, la plus imposante et la plus tutélaire à la fois que l'homme puisse exercer sur les autres hommes, est donc l'autorité judiciaire.

Il fallait exiger de ceux à qui de si hautes fonctions seraient départies des gages de la plus incorruptible intégrité, et leur assurer en échange une invulnérable indépendance, une sécurité absolue; il fallait que les magistrats fussent inamovibles essentiellement.

On objectera que l'amovibilité de la magistrature ouvre au barreau plus de chances, éveille de plus nombreuses émulations, et encourage au perfectionnement de l'esprit, les uns par la perspective d'une admission justement méritée, les autres, par l'espoir d'une réélection nouvelle et d'un nouveau tribut d'éloges. Bien; mais ne fait-on pas attention qu'une telle réforme jetterait un ferment d'ambition et de discorde, le venin de la jalousie, des rivalités et des haines entre la magistrature et le barreau, deux corps jumeaux unis par un lien vital, et au sein de qui le moindre schisme, le moindre déchirement, apporterait la dissolution et la ruine de l'un par l'autre.

Admettons que, par les crevasses fréquemment pratiquées à l'édifice de la magistrature, le barreau pénètre plus facilement que lorsque de tardives promotions viendront, à de longs intervalles, lui entr'ouvrir une porte étroite qu'elles refermeront aussitôt, sans doute les possibilités vont se multiplier et se répandre non-seulement sur le barreau, mais encore (puisqu'en thèse républicaine point d'exclusion, point de priviléges) sur tous les hommes ayant connaissance des lois. Voilà la concurrence devenue nombreuse, et le choc des manœuvres ardent, tumultueux et passionné; que, dans ce roulement d'espérances et d'ambitions rivales, quelques esprits ineptes ou corrompus se trouvent, à l'aide de l'argent, de la faveur et de l'intrigue, les trois plus puissans, plus rémuans véhicules de l'élection, revêtus de ce sacerdoce de lumière et d'intégrité; que de fautes grossières, irréparables, à jamais lamentables! que d'iniquités! que de prévarications! quel rejaillissement honteux sur tout le corps de la magistrature! Les esprits les moins pervers, préoccupés des soins de leur avenir et de leur tranquillité, épuiseront tout leur temps en efforts pour se cramponner le plus fortement, le plus long-temps possible au fauteuil de l'édilité, et barricader les avenues par lesquelles ils sont arrivés, et les affaires de la justice seront celles dont ils s'inquièteront le moins.

Que d'alarmes répandrait dans la société l'amovibilié de la magistrature! La faiblesse, aux prises avec la puissance, osera-t-elle prendre pour juge le magistrat dont l'avenir chancelant peut être anéanti demain par la vengeance du plaideur puissant qu'il va juger aujourd'hui? Quelle confiance, quelle vénération obtiendra la justice, si aujourd'hui le pouvoir, demain le peuple, après demain la richesse, peuvent tour à tour lui forcer la main? Que deviendra la dignité du magistrat, si son existence n'est qu'un triste tissu d'inquiétudes et de craintes pour sa destinée et la destinée de sa famille? Que deviendront les jugemens, si chaque matin la conscience du juge peut être intimidée par les menaces des partis, ou empoisonnée par la contagion des cours?

Le pouvoir judiciaire tombera dans le discrédit et s'écroulera frappé d'une impuissance radicale; il ne sera plus qu'une réunion d'hommes souples, complaisans et malléables, qui, par crainte, déférence ou politesse, *rendront des services et non pas des arrêts;* un amas de flexibles roseaux courbés à chaque instant sous le vent de l'intrigue, de la calomnie et de la corruption.

« Si les fonctions de la justice sont perpétuelles (dit Bodin), » le juge se rassurera et commandera avec dignité, et prê» tera l'épaule aux gens de bien, vengera les outrages des » affligés, et résistera à la violence des tyrans, sans peur, » sans crainte, sans frayeur qu'on le dépouille de son état, » s'il n'a forfait. »

Dans le sein des tribunaux, point de destitutions arbitraires possibles; il y va de la sécurité du trône et du peuple que la judicature ne puisse être interrompue que pour crime de forfaiture et de prévarication; l'inamovibilité de la magistrature devient, pour le peuple, une barrière contre l'invasion de la volonté royale; pour le trône, une garantie inexpugnable contre les exigences et les menaçantes intimations du peuple.

Passons aux ministres électifs.

En vertu de l'article 14 de la Charte, le roi commet à tous les emplois d'administration publique. Ce droit est le partage de la souveraineté, une des prérogatives de la couronne; mais, dira-t-on, les ministres étant nommés par le roi, gouvernent dans le sens et l'esprit du roi, selon les influences de la volonté du roi; ce sont les hommes du roi, non les ministres de la nation. Nul ministre sorti du sein du peuple, élu, envoyé par le peuple au sein de ce conseil suprême du palais des Tuileries qu'il a conquis et traversé tout à son aise en juillet, ne siège et ne le représente devant le souverain couronné par ses mains.

Voilà les plaintes de ceux qui accusent juillet de n'avoir produit que des fruits avortés et amers. Bien qu'à la vérité, depuis la restauration en France, les hautes fonctions administratives semblent être circonscrites dans le cercle d'un très petit nombre de personnages mis en relief entre les mains fraternelles de qui passent, s'échangent, se croisent, vont et reviennent, par une sorte de mouvement concentrique, les huit portefeuilles du pouvoir; bien qu'il semble exister de fait une espèce d'association ministérielle, et pour ainsi dire, une famille administrative; ce qui, dans un pays aussi riche d'érudition et de lumières que le nôtre, trahirait une disette de capacités politiques qui n'existe pas; néanmoins, nous sommes loin de ces temps monstrueux d'aristocratie et d'insultante féodalité, où les chartes consacraient l'hérédité et la patrimonialité des fonctions de l'état.

Aujourd'hui, sous l'empire d'une monarchie constitutionnelle, régime de gouvernement mixte, où la puissance législative du chef suprême de l'état est tempérée et partagée par la chambre des pairs, nommée par lui, et la chambre des députés, nommée par le peuple, il serait également absurde de voir le peuple, c'est-à-dire, comme on le demande, l'universalité du peuple choisir et proclamer tous les cinq ans, tous les trois ans, tous les ans, les ministres de l'état.

Quel désordre, quel encombrement entraînerait, dans la marche des affaires politiques, ce système d'élection ministérielle, si incompatible avec nos institutions! Non que je veuille faire à la classe moyenne du peuple l'injure de supposer qu'il ne sortirait pas de son sein, de son vote, des ministres pleins d'habileté et de lumières: tous les Français sont également admissibles aux fonction de l'état, tous peuvent s'instruire et s'y préparer. Mais le peuple est naturellement ardent, vif à s'éprendre, et enthousiaste par saccade ; souvent l'idole du matin devient en ses mains la victime du soir; il se passionne aisément pour un nom, et son cœur, plein d'élan, confiant sans réflexion, séduit par ces merveilleuses promesses des candidats de tenir, en face du pouvoir, une tête haute et inflexible, d'opposer un bras d'Alcide aux efforts du pouvoir, se précipiterait tout entier dans tous les piéges tendus à sa crédulité.

Que d'essais il faudrait subir, que de pièces brillantes et sonores jetées, les unes après les autres, dans les fournaises du pouvoir, trop faibles pour résister à l'action du feu des affaires publiques, sortiraient faussées et rompues des premières épreuves et formeraient un amas de pièces de rebut ministérielles, dont il faudrait solder la vétérance et l'invalidité!

Il en est, sans doute, dont les talens solides et amassés dans l'étude et la méditation justifieraient pleinement la confiance du peuple et du souverain ; mais qui vous assure qu'ils ne cultiveront point, en secret, des intérêts différens de ceux de leur nouvelle position? et cet écueil est presque inévitable : suspendus en équilibre entre un passé modeste et un avenir de peu de durée dont ils voient déjà les limites en entrant, s'ils ont de la prudence, ils s'accumuleront vite un patrimoine particulier, et formeront ressource pour l'avenir. Nous ne trouverons plus d'Aristide ne laissant pas une obole pour se faire enterrer.

Et les liens de leurs anciennes affections, pourront-ils les briser dédaigneusement et sans pitié? Ceux dont l'activité, le zèle et la chaleur communicative les auront fait parvenir, seront les premiers à faire parler leurs droits secrets aux préoccupations, à l'intérêt et à la reconnaissance du nouveau ministre; les parens, les amis, tous les familiers d'autrefois viendront, à la suite, réclamer les priviléges du népotisme et de l'ancienne communion de vie et de plaisirs, et leurs enfans, leurs neveux, leurs cousins, leurs commensaux habituels, seront les seuls propres, les seuls spécialement habiles à remplir toutes les fonctions qui relèvent de leur département.

Ce qui s'opère avec quelque pudeur encore et moins d'affluence dans l'entourage de ministres émondés par de lentes et successives gradations, ne pourrait se refuser de la part d'un ministre lancé d'un seul bond au pouvoir par les ressorts de l'intrigue, sans provoquer des clameurs de famille, d'envieuses criailleries, et des protestations souvent mordantes et amères, parfois ridicules et injustes contre son ingratitude présumée.

L'homme à la longue barbe, le cynique promeneur des galeries du Palais-Royal, avait-il d'autre but, en étalant publiquement du matin au soir l'affectation de sa misère et le luxe hideux de ses haillons, que de se rendre une satire vivante et personnifiée contre l'oubli de son ministériel ami?

Et que dirai-je des inconvéniens, des embarras et des dangers sans nombre qu'entraînerait, à chaque expiration du terme fatal, l'obligation de résigner brusquement le pouvoir au milieu, peut-être, des plus importantes missions diplomatiques et d'irrémissibles travaux législatifs réclamés par la plus impérieuse nécessité; interruption que le peuple, aux dépens de ses intérêts, ne manquerait pas d'exiger avec âpreté, dans l'impatience de voir gouverner ses nouveaux favoris!

Ce ne serait pourtant là que les moindres écueils que la transition ministérielle rencontrerait dans son accomplissement. Chocs inévitables de l'installation, initiation aux mystères des cases du portefeuille, dégourdissement et remise sur le métier des travaux restés en état de congellation au bout de la plume *démissionnaire;* tout cela, embarras de quelques jours! Pour soulager ses besoins, le peuple attendra bien que son représentant soit au courant, non des préoccupations du jour, puisque pour un sou tout le monde peut les connaître, mais des procès-verbaux de discussion, mais des délibérations préparatoires, mais des propositions mises en lumière, puisées, élaborées au sein du conseil d'état, qui ne peut pas publier tout, jusqu'aux observations négligées et néanmoins instructives, jusqu'aux notes, jusqu'aux ratures amélioratrices, enfin jusqu'aux derniers procédés du *faire* administratif intime.

Le terrible obstacle, et ici je ne raisonne encore que sous le bénéfice de la possibilité d'une élection ministérielle par vote du peuple, le terrible obstacle serait l'accueil des chambres. Si les chambres refusent leur coopération avec le nouveau ministère et rejettent, fort poliment sans doute, et par des manifestations de non sympathie, l'élu populaire, qu'arrivera-t-il? que, le lendemain, le peuple aux deux cent mille gourdins viendra imposer son mandataire aux chambres indépendantes; tout le monde devine le reste. Dans l'état de notre constitution, la nuance des intentions, le cours des pensées ministérielles, déjà connus par les relations de travail, la proposition royale de tel ou tel candidat fait-elle naître, au sein des chambres, quelques appréhensions sur les difficultés d'une fusion homogène, elles refusent leur concours, et le Roi, le lendemain, en propose un autre de bonne grâce, sans amener d'artillerie parlementaire pour soutenir son candidat. Le Roi est obligé, dans l'intérêt général, d'étudier les sympathies des chambres; voilà le contre-poids de la souveraineté, la sécurité immense d'un gouvernement constitutionnel monarchique.

J'ai tracé les périls d'une élection ministérielle populaire, pour ne pas laisser une parcelle du système républicain sans discussion; car, pour faire écrouler l'édifice d'une pareille utopie, il eût suffi de démontrer l'impossibilité matérielle d'accomplissement d'une élection de ce genre.

Qui votera? — Tout le monde. — Quoi! tout le monde? les quatre-vingt-six départemens de la France et ses colonies voteront par bulletin en main un ministre? Et le temps, et le lieu! Je ne veux pas pousser jusqu'à l'absurde; bornons-nous au vote universel pour les députés, ce vote universel, si préconisé, estimé si indispensable pour connaître la volonté d'une nation, ce vote aux pieds de géant, et dont l'esprit républicain ne veut pas se désemparer, ou plutôt ce Babel électoral où chacun doit venir égarer le choix de son affection particulière dans un tourbillon de billets inconnus, condamnés au vent et à la poussière de la porte.

Le droit électoral, se plaint-on, n'est pas le droit du peuple, mais le droit des riches; la chambre des députés n'est pas l'expression de la volonté du peuple, mais de la volonté de l'aristocratie financière et possessoriale, la volonté du peuple est mutilée. Pour être bon électeur, il suffit d'avoir du discernement et de la probité, et le cens n'a pas le privilége exclusif de ces deux qualités du bon citoyen; on les rencontre en affluence plus grande hors du cens. Le cens n'est qu'une démarcation injurieuse qui attente à l'égalité civile des Français devant la loi; avec la république, plus de cens, tout le monde peut déposer ses vœux dans l'urne véritablement nationale.

Sans parler des passions et des violences que soulèveraient ces tumultueuses coteries délibératives, l'impossibilité mathématique est là. Le nombre des citoyens est tel que l'on cherchera jusqu'à la fin des siècles, sans le trouver, un mode véritable de connaître la volonté de tous les habitans d'un grand pays; alors, dira-t-on, diminuez encore le cens et ne le supprimez pas; on aura beau descendre, échelon par échelon, tous les degrés de la population, la classe d'individus devant laquelle vous vous arrêterez, et que vous rencontrerez toujours plus nombreuse et plus turbulente à mesure que vous abaisserez d'un pas, vivement blessée aussi de votre insultante limite, rongera le frein, poussera des cris, secouera votre barrière, et de force ou de gré pénètrera par cohues dans votre enceinte électorale.

Est-il d'ailleurs dans un peuple grand, immense, partagé à l'infini par des intérêts divers et des relations de mille espèces, est-il une volonté pure, libre et sincère, une volonté sur laquelle l'intrigue, la suggestion, l'obsession, la promesse et la menace n'aient pas exercé quelque influence? Le vœu national ou simplement départemental par individualité, le vote de plusieurs cent milliers d'habitans, est une monstruosité impraticable. Ce système s'est opéré pour quelques lois, me dira-t-on, il peut également s'appliquer aux hommes; on commanda des votes publics pour les constitutions de l'an 3, de l'an 8, de l'an 12 et d'avril 1815.

Avant de livrer le premier projet du Code civil à la discussion du conseil d'état, le gouvernement a voulu lé soumettre, par la voie de l'impression, à l'examen de tous les Français. Tous les citoyens ont été appelés à la confection du grand œuvre de la législation qui devait les régir. « Tous » les citoyens, disait le tribun Grenier, ont été assurés » de voir accueillir le tribut de leurs connaissances; et *plusieurs* se sont honorés, en secondant les vœux du gouver» nement. Mesure aussi grande, aussi politique, que sage » en elle-même! elle a nationalisé, si l'on peut s'exprimer » ainsi, les matériaux du Code civil. »

De ces constitutions, si publiquement, si librement votées, l'une a été promulguée par la mitraille de vendémiaire, les autres ont été consenties par le silence de la peur, sous l'absolutisme tranchant d'un pouvoir militaire exalté par ses victoires, la dernière n'a été votée que par les fonctionnaires, au nom de leurs administrés. Et le grand Code, monument impérissable de lumières et de sagesse, n'a vu que fort peu de savans dignes de déposer leur grain de sable et leur morceau de marbre sur les premières pierres de ses fondemens publics.

Autre chose, du reste, est d'approuver un acte répandu par millions d'exemplaires dans toute une population, autre chose de réunir dans une urne, une piscine immense, deux ou trois cent mille bulletins personnellement apportés de tous les coins d'un département à son chef-lieu. Que de mois il faudrait employer au dépouillement de ces monstrueux scrutins! Combien de fois des noms parvenus à des chiffres excessifs seraient-ils renversés par des majorités rivales, et subiraient-ils la nécessité d'une interminable épreuve nouvelle, traversée encore par de nouvelles concurrences!

Admettons même, par impossible, l'accomplissement de ces gigantesques élections en six mois, huit mois, dix mois. Combien la mortalité, qui ne s'arrête devant aucune importance d'opérations humaines, annulerait-elle de votes par jour! Admettrait-on au jour de l'énorme et dernière totalisation électorale plus de billets qu'il n'existerait alors de votans? Obtiendrait-on, enfin, par cette nationale mesure, l'expression de la volonté nationale? Bien loin de là, les abus et les vices se multiplieraient en proportion de la multitude; dans l'exercice libre, facultatif, bénévole, de tous les devoirs de citoyens, l'insouciance, l'égoïsme et la tiédeur laissent toujours bon nombre de places vides aux réunions civiques; voilà les créneaux, les brèches dont s'empare tout-à-coup l'esprit de faction, toujours en éveil, toujours actif à épier une lacune, toujours prêt à y pousser ses manœuvres; l'esprit de parti ne manquerait pas de soudoyer les journées de quelques milliers de misérables vagabonds sans travail et sans aveu, pour grossir ses forces et entraîner ainsi, par les plus viles, les plus odieuses fourberies, ou par la violence tyrannique du nombre, cette majorité représentée comme l'expression libre, franche et pure de la souveraine volonté nationale.

Sans parler de l'absence de toute dignité dans de semblables encombremens, au milieu du faussement inévitable de cette large mesure dans son but et ses résultats, au milieu du tumulte irréprimable, des querelles sans nombre, des chaleureuses et énergiques colères qui éclateraient à chaque instant aux plus légères contradictions, des clameurs menaçantes et et des scènes épouvantables que feraient naître les solennités du vote universel ; on n'obtiendrait, en définitive, au lieu d'une volonté sage et réfléchie du peuple, que du vacarme, des cris de rage, du meurtre, des funérailles et du deuil.

Mais le suffrage universel, on y tient. Les utopistes ne veulent pas se désemparer du système ; chaque jour il est l'objet de nouvelles réclamations, de nouveaux éloges ; c'est le principe essentiel de notre organisation gouvernementale ; le principe électif, pur de tout alliage, est l'expression des sentimens, des idées, des intérêts, des besoins du pays, et ne doit ouvrir la chambre qu'à l'élite du pays. D'accord, mais votre suffrage universel est la plus gigantesque de toutes les chimères. Hé bien, faites voter, nous dira-t-on, par suffrages à domiciles. Heureux moyen pour obtenir l'expression pure de la volonté du peuple, et prévenir toute corruption ! Voyez, dans les comtés d'Écosse où ce mode est introduit, ces scandaleuses opérations qui se poursuivent au grand jour par des courtiers de votes, ces basses et abjectes intrigues, ces machinations ardentes et passionnées, cent fois plus perfides, cent fois plus pernicieuses encore, pour les intérêts du peuple, que le vote au scrutin.

Mais, lorsqu'en matières politiques on dit : le peuple veut, c'est rarement le peuple qui veut, à peine y pense-t-il, à peine a-t-il la première idée de ce qu'on lui suppose vouloir. Ce sont les publicistes qui veulent, et qui, les pieds sur leurs chenets, écrivent : *La France veut, la France réclame impérieusement*, etc., etc.

Machiavel s'exprime ainsi, dans son discours sur Tite-Live, livre premier, chap. 16.

« Dans une nation, à l'exception d'un petit nombre qui » veulent s'élever et régir, les autres ne demandent qu'à » conserver, et on les contente aisément par des institutions » et par des lois qui concilient à la fois la tranquillité du » peuple et la puissance du prince. Cet ordre établi, si le » peuple s'aperçoit que rien ne peut déterminer le prince à

»s'en écarter, il commencera bientôt à vivre heureux et »content. Le royaume de France en est un exemple: ce peu»ple ne vit assuré que parce que les rois se sont liés par »une infinité de lois qui sont le fondement de sa sûreté. »Ceux qui ont organisé cet état, cet ordre, ont voulu que »les rois disposassent à leur gré des troupes et des finan»ces, mais qu'ils ne pussent ordonner, du reste, que con»formément aux lois. »

Pousser jusqu'à l'évidence la plus claire, la plus irrécusable, la démonstration de l'impossibilité d'organiser ces vastes plans de la république, et l'inutilité, le ridicule et la démence de l'émeute et du régicide, ne serait-ce pas décourager et guérir à jamais en France ces fiévreuses tentations de sacrifier son sang, le sang de ses concitoyens et celui du souverain, à la poursuite d'un fantôme qu'on ne fait que chasser devant soi davantage. Car, mesurant aux chances de succès la part la plus large, que résulterait-il du meurtre déplorable du souverain ? Supposons qu'il s'élève quelque désordre, quelques manifestations audacieuses sur quelques points de la France aux cris nouveaux de *vive le Roi!* Est-ce que les dépositaires de nos lois et de nos constitutions, avertis, renforcés par ces vaines clameurs, ne s'empresseraient pas, aussitôt, de se grouper en faisceaux autour du trône, et de maintenir sur leurs bases les trois pouvoirs sacrés, principes immuables de notre gouvernement mixte, dont la supériorité et l'excellence ont été éprouvées de tout temps ?

Pour qu'un gouvernement, quelque dénomination qu'on lui donne, puisse avoir de la force et de la durée, il faut un contre-poids salutaire au corps universel de la chose publique; sans cette puissance modératrice, il incline tantôt à la tyrannie, quand les rois ont trop de pouvoir, tantôt à la confusion populaire, quand le peuple veut usurper l'autorité souveraine. Lycurgue, le premier, mit entre ces deux puissances un conseil de sénateurs qui s'éleva comme une barrière inébranlable entre les deux ambitions, comme une double armée qui, d'un côté, résistait à la témérité populaire, et de l'autre protégeait le peuple contre l'usurpation tyrannique des rois.

Machiavel, dans son discours sur Tite-Live, s'exprime ainsi, première partie, chapitre 2 : « Les législateurs prudens ayant » connu les vices des différens gouvernemens, en ont choisi » un qui participe de tous les autres, et qu'ils ont jugé plus » solide et plus stable. En effet, quand dans la même con- » stitution vous réunissez un prince, des grands, et la puis- » sance du peuple, chacun des trois pouvoirs s'observe ré- » ciproquement. Parmi les hommes justement célèbres pour » avoir établi une pareille constitution, celui qui mérite plus » d'éloges est Lycurgue ; il organisa tellement celle de » Sparte, que, donnant à ses rois, aux grands et au peuple » chacun sa portion d'autorité, il fit un gouvernement qui » se soutint pendant plus de huit cents ans dans la plus par- » faite tranquillité.

» Le sort des lois de Solon fut bien différent ; il n'établit » qu'un gouvernement populaire, et, avant sa mort, il vit » naître la tyrannie de Pisistrate. »

Eh bien ! je le voudrais, uniquement pour la popularisation des doctrines exprimées avec tant de sagesse dans les passages que j'ai cités, je voudrais que mon livre pût parvenir sous les yeux de tous les citoyens, et que les pages encore neuves, graissées, salies, usées par des milliers de mains populaires, eussent fait comprendre à chacun que son bonheur, autant qu'il est physiquement possible de réaliser ce problème, est près de lui, à sa portée, sous sa main ; car vouloir le bonheur du peuple, ce n'est pas désirer qu'il règne, mais qu'il obtienne du travail, de l'aisance et de la tranquillité. Certes, à contempler les maux qui environnent la souveraineté, un véritable ami du peuple ne doit par la souhaiter au peuple, et doit la laisser à ceux que leurs hautes destinées appellent à de si brillantes et de si lourdes calamités.

Et, ici, empruntant ces énergiques formes de langage qui plaisent à la multitude, je le dis avec cette simplicité de bon sens de la Jacquerie, de John Bull, de Jacques Bonhomme, symbole du peuple anglais ; j'aime mieux voir le cultivateur aux mains calleuses, dirigeant à travers les arpens de terre qu'il a reçus de ses ancêtres la charrue, le semoir et la herse, j'aime mieux le voir sécher le soir ses vêtemens à la flamme du foyer, au milieu de sa nombreuse famille aux joues rondes et colorées, près de sa femme qui ne dut toute sa vie sa fécondité qu'à lui seul, que de lui voir déserter ses champs pour aller disputer à la royauté un des lambeaux du pouvoir; j'aime mieux, passant au faubourg Saint-Antoine, entendre ce tintamare général des marteaux travailleurs qui, dans toutes les boutiques, retentissent du matin à la nuit sur le fer et le cuivre, que de voir, à midi, les rues de la capitale désertes, les portes et les fenêtres fermées, silencieuses, devant les détachemens du peuple souverain courant en désordre et hurlant *vive la république!* sur les quais et les boulevarts.

J'ai vu, à deux époques différentes, le 29 juillet au Louvre, et le 15 février à l'archevêché, le peuple souverain abandonné à lui-même, et, muet de stupeur, je me demandais alors combien faudrait-il de journées à ces guerriers improvisés pour renverser tous les trônes de l'Europe, de mois à ces travailleurs d'office pour démolir, de fond en comble, toutes les capitales de l'univers?

En politique générale, ne vaut-il pas mieux conserver que détruire?

C'est par de saines lumières, par de simples et intelligibles notions sur la fermeté et l'excellence de notre régime, sur l'impossibilité d'en renverser les bases, quoi qu'il arrive, ce que l'on n'a pas encore assez fait, que vous terrasserez, que vous désarmerez la démence du régicide, plutôt que par des lois de rigueur, des lois farouches, qui ne font que donner de douloureuses atteintes à la morale du peuple.

Mais créer des lois de circonstance, ordonner la délation, la placer sous l'égide d'une sanction formidable, l'ériger en devoir, la transformer, avec ses allures ignobles, hypocrites et rampantes, en rigoureuse obligation civique! la délation, flétrie par la conscience de toutes les âmes élevées, qualifiée d'action vile, même par les êtres qui s'enorgueillissent de tous les crimes!

Non, ce serait altérer les franchises du caractère national, ce serait enfanter des meurtres et des malheurs de plus. En effet, le régicide, redoutant la révélation de l'homme qui aura connu ses desseins, ne reculera pas devant l'assassinat de sa personne pour s'assurer de son silence.

Cette loi subsistait, honteuse et tapie dans un coin de notre Code; 1832 la vit condamner au bannissement et aux ténèbres; il fallait plutôt ne point la proscrire alors, que de réserver à notre époque, si sagement, si loyalement progressive, la tâche douloureuse et rétrograde de son évocation. Henri IV demandait à un confesseur s'il dénoncerait un projet d'attentat contre la vie du roi qui lui aurait été révélé dans le confessionnal : « Non, Sire, lui répondit le prêtre, » mais j'irais me placer entre l'assassin et vous. »

Présenter à l'intelligence, aux besoins du peuple, des lois qui soient en harmonie avec notre caractère, nos mœurs et nos imperfections même, des lois dont l'accomplissement ne cause aucune répugnance, n'exige de la conscience aucune répulsion, aucune secousse, des lois, enfin, qu'il soit plus aisé, plus doux d'observer qu'honorable, en quelque sorte d'enfreindre.

Quant aux châtimens à frapper, il faut de salutaires exemples, il faut briser cette faction altière qui se rit de son sang comme du sang des autres, et n'aspire qu'à poser sur l'échafaud, dans une attitude immobile et perpendiculaire; point de supplices corporels, point de luxe d'inhumanité; faites ployer ces âmes si pleines de raideur et de vanité sous le poids perpétuel de travaux grossiers, obscurs et abjects, et que la population présente, que la génération à venir, haussent les épaules devant le régicide octogénaire, blanchi, courbé sous le poids des fers et des années, balayant depuis soixante ans les immondices de la chiourme. Pour eux, la charrette fatale, c'est le char de triomphe, et l'échafaud, c'est la vie.

RECUEIL

DE

FRAGMENS HISTORIQUES

EXTRAITS

DE DIVERS AUTEURS.

RECUEIL

DE

FRAGMENS HISTORIQUES.

ASSASSINAT

DE FRANÇOIS DE LORRAINE, DUC DE GUISE,

PAR POLTROT.

(*Biographie universelle.*)

François de Lorraine, duc de Guise, montra dès sa plus tendre jeunesse tant d'ardeur pour la gloire, tant d'intrépidité, de prudence et de sang-froid dans les momens les plus périlleux, qu'on augura qu'il deviendrait un des plus illustres guerriers de son siècle. Le soin qu'il prenait de s'attacher par des bienfaits les hommes chez lesquels il remarquait des talens, sa libéralité envers les soldats, son affabilité avec les officiers, un port majestueux, un front toujours serein et plus ennobli que défiguré par la cicatrice d'un coup de lance qui lui avait percé la tête en 1545, au siége de Boulogne, où il combattit presque seul un bataillon anglais; tant d'avantages réunis ne pouvaient manquer de lui concilier l'estime des gens de guerre. La guerre civile ayant éclaté dans tout le royaume entre les catholiques et les protestans, les huguenots, ayant à leur tête le prince de Condé et l'amiral de Coligny, prirent aussitôt les armes. Partout où Guise se montra, les huguenots eurent un désavantage marqué, et divers traits de magnanimité contribuèrent autant à lui gagner le cœur que ses plus brillans explois. A la bataille de Dreux, l'armée des huguenots fut mise complètement en déroute; Condé, son plus illustre adversaire, fut pris. Guise, oubliant en ce moment tous les libelles que ce prince avait répandus contre lui, libelles où la vie publique et privée du duc était peinte des plus odieuses couleurs, le reçut comme un ami malheureux, le fit souper avec lui, et le vainqueur offrit au vaincu le seul lit qu'il possédât, ce qui fut accepté. Créé pour la troisième fois lieutenant-général du royaume, ce grand homme, qu'on regardait comme le génie tutélaire de la France, se flattait de terminer la guerre civile d'un seul coup décisif, par la prise d'Orléans, qui était le dernier boulevart des huguenots. Il croyait déjà être maître de la ville, lorsqu'une odieuse trahison vint trancher le cours de ses succès et de sa vie. Un gentilhomme angoumois, Poltrot, catholique apostat devenu protestant, irrité des succès de l'armée royale, aux ordres du duc de Guise, excité par les discours fanatiques des ministres huguenots, qui maudissaient journellement le nom et la personne du duc, forma le projet de délivrer son parti d'un si redoutable ennemi; il s'en ouvrit à Soubise, qui l'adressa à Coligny : celui-ci lui donna cent écus pour acheter un bon cheval, propre à faciliter sa fuite après qu'il aurait rempli sa mission. Poltrot, afin de mieux cacher son dessein, alla trouver un de ses anciens amis, officier du duc de Guise, qui pressait alors vivement Orléans, et lui protesta qu'entièrement revenu de ses erreurs, il désirait servir dans l'armée catholique, à laquelle il était en état de rendre des services importans par les intelligences qu'il conservait dans la ville. Guise reçut Poltrot avec sa bonté ordinaire, et pourvut au mauvais état de sa fortune; mais un soir que ce général s'en revenait tranquillement à son logis, s'entretenant familièrement avec Rostaing, le traître, caché derrière un buisson, lui tira, à six pas de distance, un coup de pistolet dont Guise mourut au bout de deux jours, le 15 février 1563. Le meurtrier, arrêté le lendemain, nomma pour ses complices l'amiral de Coligny et Théodore de Bire. Ce malheureux fut livré au parlement, qui le condamna à être déchiré avec des tenailles ardentes, tiré à quatre chevaux, et écartelé.

ASSASSINAT DE HENRI III

PAR JACQUES CLÉMENT.

(*Biographie universelle.*)

Jacques Clément était un religieux de l'ordre de Saint-Dominique, d'un esprit sombre et mélancolique, d'un caractère ardent et inquiet, d'une imagination déréglée; d'ailleurs, ignorant et grossier, fanatique et libertin, parlant sans cesse d'exterminer les hérétiques. A peine âgé de vingt-deux ans, il conçut le projet d'assassiner Henri III, qui assiégeait Paris. Il communiqua cette horrible résolution au prieur de son couvent, qui l'encouragea à l'exécuter. La duchesse de Montpensier (Catherine-Marie de Lorraine) en eut connaissance. Elle voulut voir ce moine, et céda, dit-on, à ses infâmes désirs pour achever de le déterminer. On lui promit que le pape le ferait cardinal s'il se sauvait, ou que, s'il périssait, il serait mis au nombre des saints, comme ayant sauvé sa patrie, gouvernée par un ennemi de Dieu. Clément se prépara à son parricide par des jeûnes et par des prières continuelles pendant des nuits entières; il se confessa, reçut les sacremens, puis acheta un bon couteau Il trompa, par de vains prétextes d'intérêt particulier, le premier président, Achille de Harlay, et le comte de Brienne; le premier lui donna des lettres pour le roi, le second, un passeport. Muni de ces pièces, Jacques Clément partit pour Saint-Cloud, le 31 juillet 1589, et parvint au milieu des gardes avancées du camp royal; ayant été introduit dans la chambre du roi, il fait une profonde révérence et se prosterne avec une modeste rougeur sur le front, présente les lettres dont il est porteur, et s'annonce comme chargé d'un message secret. Henri III commande à ceux qui sont auprès de lui de se retirer, et tandis qu'il était occupé à lire les lettres, le moine, qui tenait son couteau caché dans sa manche, frappe le roi au ventre et laisse le couteau dans la plaie; ensuite, avec le regard assuré et les mains croisées sur sa poitrine, il lève les yeux au ciel, attendant paisiblement les suites de son assassinat. Le roi se lève, arrache le couteau de son ventre et en frappe le meurtrier au front, plusieurs courtisans accoururent au bruit ; Montpesot de Lorraine et Jean de Levis le percèrent aussitôt de leurs épées ; le corps de l'assassin fut exposé, traîné ensuite sur la claie, tiré à quatre chevaux, mis en quatre quartiers et brûlé sur la place, devant l'église de Saint-Cloud.

TENTATIVE D'ASSASSINAT

SUR LA PERSONNE DE HENRI IV

PAR JEAN CHATEL.

(*Biographie universelle.*)

Jean Chatel, à peine âgé de dix-neuf ans, étudiait au collége des Jésuites, lorsque, en expiation d'une habitude de péché infâme qu'il n'avait pu surmonter, il avait cru expier ses désordres en assassinant Henri IV. Le 27 décembre 1594, il entra au Louvre avec un couteau caché dans son pourpoint ; il pénétra dans la chambre de Gabrielle d'Estrées, où Henri IV venait d'entrer, tout botté, à son retour de Picardie, et tandis que le monarque, suivi de plusieurs seigneurs, se baissait pour relever les seigneurs de Ragni et de Montigny, qui lui étaient présentés, Chatel lui porta un coup de couteau qu'il dirigeait à la gorge et qui fut reçu à la lèvre supérieure. Blessé, ayant une dent rompue, Henri regarde autour de lui, aperçoit une femme nommé Mathurine, qui, depuis long-temps, suivait la cour en qualité de folle, et s'écrie : « Au diable soit la folle, elle m'a blessé. » Mais cette femme court aussitôt fermer la porte, montrant ainsi que sa folie n'était qu'apparente. Le comte de Soissons aperçoit à côté de lui Chatel dans un état de trouble et d'agitation qu'il ne pouvait maîtriser, et l'arrêtant, dit : C'est vous ou moi qui avons blessé le Roi. Chatel est fouillé ; il jette à terre le couteau sanglant, et confesse son crime. Henri IV voulait qu'on laissât aller Chatel, disant qu'il lui pardonnait. Lorsqu'il apprit qu'il avait été élevé par les Jésuites, il dit : « Fallait-il donc que les Jésuites fussent convaincus par ma bouche ! » Tandis qu'on rendait à Notre-Dame des actions de grâces pour la conservation du Roi, la populace, en fureur, se porta au collége de Clermont, et eût massacré tous les jésuites, si le roi n'avait envoyé des gardes pour le protéger. Le président de Thou obtint que le régicide fût envoyé devant le parlement. Chatel fut interrogé au Fort-l'Évêque, puis à la Conciergerie ; il déclara que, pressé par les remords qui l'agitaient pour son inconduite, et ayant entendu soutenir au collége qu'il était permis de tuer un roi hérétique, il avait cru pouvoir obtenir grâce devant Dieu de ses désordres en assassinant Henri de Bourbon ; que, s'il ne l'avait pas fait, il le ferait encore. Chatel persista à dire qu'il avait agi de son propre mouvement et par zèle pour sa religion, et qu'admis aux exercices spirituels chez les jésuites, dans la chambre des méditations, où l'enfer, peint sur les murailles, pouvait exalter les têtes faibles et les caractères ardens, et effrayé par la crainte des feux éternels dont les jésuites le menaçaient s'il ne domptait son affreux penchant, il avait décidé d'assassiner le roi, espérant que cette action, utile à l'Eglise, ferait réduire à quatre les huit degrés de tourmens auxquels la vengeance divine pouvait le condamner. Ce jeune assassin, d'un caractère sombre et mélancolique, subit avec un courage effroyable, et sans faire aucune autre confession, la question ordinaire et extraordinaire. La sentence de mort fut prononcée le 29 décembre, et exécutée le même jour. On lui remit dans la main le couteau parricide, et c'est ainsi armée qu'elle fut coupée par le bourreau. Il fut ensuite tenaillé, tiré à quatre chevaux, ne donna aucun signe de repentir, et parut même insensible aux atroces douleurs du plus affreux des supplices. Ses membres furent jetés au feu et ses cendres au vent. Pendant la fureur de la ligue, les jésuites, comme d'autres prêtres séculiers et réguliers de divers ordres, avaient prêché l'exécrable doctrine du régicide. C'était la funeste maladie des têtes ardentes dans ces temps malheureux. Des commissaires furent chargés par le parlement de faire l'inventaire des livres des jésuites et l'examen de leurs papiers; on trouva des écrits séditieux de la main du régent du collége ; il fut pendu le 7 janvier 1595. Tous les jésuites, au nombre de 37, ainsi que tous les écoliers du collége de Clermont, furent condamnés au bannissement perpétuel.

ASSASSINAT DE HENRI IV

PAR RAVAILLAC.

(Perefixe.)

Il y avait à Paris, depuis deux ans, un certain méchant coquin nommé François Ravaillac, natif du pays d'Angoumois, de vile extraction, de poil rousseau, rêveur et mélancolique, qui avait été moine, puis ayant quitté le froc avant que d'être profès, avait tenu école, et, après, s'était fait solliciteur d'affaires et était venu à Paris. On ne sait s'il y avait été amené pour faire ce coup, ou si, étant venu à autre dessein, il avait été induit à cette exécrable entreprise par des gens qui, ayant connu qu'il avait encore dans l'âme quelque levain de la ligue et cette fausse persuasion que le roi allait renverser la religion catholique en Allemagne, le jugèrent propre pour ce coup.

Si l'on demande qui furent les démons et les furies qui lui inspirèrent une si damnable pensée, et qui le poussèrent à effectuer sa méchante disposition, l'histoire répond qu'elle n'en sait rien, et qu'en une chose si importante il n'est pas permis de faire passer des soupçons et des conjectures pour des vérités assurées. Les juges mêmes qui l'interrogèrent n'osèrent en ouvrir la bouche, et n'en parlèrent jamais que des épaules. Mais voici comme il exécuta son malheureux dessein. Le lendemain du sacre, 14 mai, le roi sortit du Louvre sur les quatre heures du soir pour aller à l'Arsenal visiter Sully, qui était indisposé, et pour voir, en passant, les apprêts qui se faisaient sur le pont Notre-Dame et à l'Hôtel-de-Ville pour la réception de la reine. Il était au fond de son carrosse, ayant le duc d'Epernon à son côté; le duc de Montbazon, le maréchal de Lavardin et Roquelaure; Laforce, de Mirebeau et Liancourt, premiers écuyers, étaient devant et aux portières. Son carrosse entrant de la rue Saint-Honoré dans celle de la Ferronnerie, trouva à la droite une charrette chargée de vin, et à la gauche une autre chargée de foin, lesquelles faisant embarras, il fut contraint de s'arrêter, car la rue est fort étroite, à cause des boutiques qui sont bâties contre la muraille du cimetière Saint-Innocent. Le roi Henri II avait autrefois ordonné qu'elles fussent abattues pour rendre ce passage-là plus libre; mais cela ne s'était point exécuté. Hélas! que la moitié de Paris n'a-t-elle été plutôt abattue que de voir le plus grand des malheurs qu'on ait jamais vus et qui a été cause d'une infinité d'autres malheurs! Les valets de pied étant passés sous les charniers de Saint-Innocent pour éviter l'embarras, et n'y ayant personne autour du carrosse, le scélérat qui, depuis long-temps, suivait opiniâtrément le roi pour faire son coup, remarqua le côté où il était, se coula entre les boutiques et le carrosse, et, mettant un pied sur une des raies de la roue et l'autre sur une borne, d'une résolution enragée lui porta un coup de couteau entre la seconde et la troisième côte, un peu au-dessus du cœur. A ce coup, le roi s'écria : *Je suis blessé.* Mais le méchant, sans s'effrayer, redoubla et le frappa dans le cœur, dont il mourut tout à l'heure, sans avoir pu jeter qu'un grand soupir. L'assassin était si assuré, qu'il donna encore un troisième coup, mais qui ne porta que dans la manche du duc de Montbazon. Après cela, il ne se soucia point de s'enfuir ni de cacher son couteau, mais se tint là, comme pour se faire voir et pour se glorifier d'un si bel exploit.

Il fut pris sur-le-champ, interrogé à diverses fois par des commissaires du parlement, jugé, les deux chambres assemblées, et, par arrêt, tiré à quatre chevaux dans la Grève, après avoir été tenaillé aux mamelles, aux bras et aux cuisses, sans qu'il témoignât la moindre émotion de crainte ni de douleur dans de si étranges tourmens; ce qui confirmait bien le soupçon qu'on avait que certains émissaires, sous le masque de la piété, l'avaient instruit et l'avaient enchanté par de fausses assurances qu'il mourrait martyr s'il tuait celui qu'ils lui faisaient croire être l'ennemi juré de l'Eglise.

Copie textuelle de l'arrêt du Parlement du 27 *mai* 1610.

Veu par la cour, les grand'chambre, Tournelle et de la dite assemblée, le procès criminel fait par les présidents et conseillers à ce commis à la requeste du procureur-général du roy, à l'encontre de François Rauaillac, praticien de la ville d'Angoulesme, prisonnier en la Conciergerie du Palais. Informations, interrogatoires, confessions, dénégations, confrontations de témoins; ouy et interrogé par la dite cour sur les cas à lui imposez, procès verbal des interrogatoires à luy faits, à la question à laquelle, de l'ordonnance de la dite cour, aurait été appliqué le 25 de ce mois pour la réuélation de ses complices, tout considéré :

Dit a été que la dite cour a déclaré et déclare le dit Rauaillac deüment convaincu de crime de lèze-maiesté divine et humaine au premier chef. Pour le très méchant, très-abominable et très détestable parricide commis en la personne du feu roy Henry IV, de très-bonne et très-loüable mémoire, pour réparation duquel l'a condamné à faire amende honorable deuant la principale porte de l'église de Paris, où il sera mené et conduit dans un tombereau; là, nud en chemise, tenant une torche ardente du poids de deux livres, là dire et déclarer que malheureusement et produitoirement il a tué le dit seigneur roy de deux coups de couteau dans le corps, dont il se répend, demande pardon à Dieu, au roy et à la iustice; de là conduit à la place de Grève, et, sur un eschaffaud qui y sera dressé, tenaillé aux mammelles, bras, cuisses et gras de jambes. Sa main dextre y tenant le couteau duquel il a commis le dit parricide, arsée et bruslée de feu de souffre, et sur les endroits où il sera tenaillé, jetté du plomb fondu, de l'huisle bouillante, de la poix résine bouillante, de la cire et souffre fondus. Ce fait, son corps tiré et démembré à quatre chevaux, ses membres et son corps consumés au feu, réduits en cendres et jettés au vent, a déclaré et déclare ses biens acquis et confisqués au roy. Ordonne que la maison où il a esté sera démolie, celui à qui elle appartient préalablement indemnisé, sans que sur le fond puisse, à l'avenir, estre fait austre bastiment; et que, dans la quinzaine de la publication du présent arrest, à son de trompe et cry public en la ville d'Angoulesme, son père et sa mère uuidront le royaume avec deffense d'y revenir jamais à peine d'estre pendus et étranglés sans autre forme de procès; a fait et fait deffense à ses sœurs, oncles, de porter cy après ledit nom de Rauaillac, leur enioint le changer en autres sous les mêmes peines, et au substitut du procureur-général du roy, faire publier et exécuter le présent arrest à peine de s'en prendre à luy, et avant l'exécution d'y cettuy Rauaillac, ordonné qu'il sera de rechef appliqué à la question pour la révélation de ses complices.

Prononcé le vingt-septième jour de may, mil six cent dix.

Signé, VOISIN.

TENTATIVE D'ASSASSINAT
SUR LA PERSONNE DE LOUIS XV
PAR DAMIENS.

(*Biographie universelle.*)

Damiens, domestique de réfectoire au collége de Louis-le-Grand, changeait souvent de nom ; son inconstance, son esprit taciturne et emporté, la sombre inquiétude de son caractère, ne lui permettaient guère de rester long-temps dans la même maison ; il était hardi, vain et dissimulé, il s'apercevait lui-même de l'effervescence de son sang, et cherchait à la calmer par de fréquentes saignées. C'était un homme, dit Voltaire, dont l'humeur sombre et ardente avait toujours ressemblé à la démence. A cette époque, la cour était divisée ; la marquise de Pompadour avait son parti, le dauphin en avait un autre ; la querelle, née du refus des sacremens, agitait tous les esprits ; les parlemens, absorbés par les affaires religieuses, étaient comme en insurrection ; la guerre embrasait l'Europe, le peuple murmurait, les discours étaient violens. Damiens put facilement s'exalter ; il servait, depuis quelques jours, un négociant de Saint-Pétersbourg, lorsque, le 14 juillet 1756, il lui vola deux cent quarante louis et s'enfuit en poste à Arras ; son signalement fut envoyé dans l'Artois ; il le sut, tomba dans un accès de fureur, et essaya de se détruire à force d'émétique. Se trouvant un jour à Paperingue, il dit : « Si je reviens en France, j'y mourrai, le plus grand de la terre mourra aussi; vous entendrez parler de moi. » Le 3 janvier 1757, à onze heures de la nuit, il prit une chaise au bureau des voitures de la cour, et arriva seul à Versailles à trois heures du matin. Il descendit dans une auberge, se coucha et dormit jusqu'à deux heures après midi; il sortit, se promena dans le parc et les cours, passa quelque temps au cabaret, et revint à son auberge à onze heures du soir; le lendemain il était encore au lit à deux heures après midi; il demanda un chirurgien et voulut être saigné; on crut qu'il plaisantait, il ne le fut pas. Il sortit à trois heures par un froid rigoureux; on le vit rôder dans les cours du château. Louis XV était revenu dans l'après-midi de Trianon, pour voir madame Victoire, qui était malade; sur les six heures, il sortit de l'appartement de la princesse, accompagné du dauphin et des grands-officiers de la couronne. Damiens s'était caché dans un petit enfoncement au bas de l'escalier. Le roi allait monter en carrosse lorsque, pénétrant à travers la haie des gardes du corps et des cent-suisses, le monstre se précipite au milieu des courtisans, heurte en passant le dauphin et le duc d'Ayen, capitaine des gardes, et, armé d'un couteau, frappe Louis XV au côté droit, au-dessus de la cinquième côte. Louis s'écrie : « Je suis blessé! » Au même instant il se retourne, et apercevant Damiens, qui avait conservé son chapeau sur la tête, « C'est cet homme-là, dit-il, qui m'a frappé; qu'on l'arrête et qu'on ne lui fasse point de mal. » Damiens, aurait pu s'évader dans la foule, mais il restait immobile, lorsqu'il fut saisi par un des valets de pied et conduit dans la salle des gardes. On trouva sur lui huit à neuf cents francs en or, un livre intitulé *Instructions et prières chrétiennes*, et un couteau à deux lames, l'une large et pointue, l'autre en forme de canif, longue de cinq pouces; Damiens s'était servi de cette dernière.

Le 15 janvier, des lettres-patentes attribuèrent à la grand'-chambre l'instruction du procès. Cette instruction fut dirigée par le premier président de Maupeou, le second président Molé; le doyen Severt fut nommé rapporteur, et le conseiller Pasquier premier rapporteur. Damiens fut transféré à la Conciergerie le 18, à deux heures de la nuit.

Damiens fit cette déclaration : « Je n'ai point eu l'intention de tuer le roi; je l'aurais tué si je l'avais voulu; je ne l'ai fait que pour que Dieu pût toucher le roi et le porter à remettre toute chose en place et la tranquillité dans ses états. Il n'y a que l'archevêque de Paris seul qui soit cause de ces troubles.

Damiens comparut devant ses juges, qu'il regarda avec fermeté, montra beaucoup de résolution, même de la gaîté, et se permit plusieurs plaisanteries; il fut condamné au même supplice que Ravaillac.

Le 28, on lui lut son arrêt; il l'écouta avec attention, à genoux, sans se troubler, et dit en se relevant : « La journée sera rude. » La sentence portait qu'il serait appliqué à la question ordinaire et extraordinaire. Appliqué à la question, il jeta d'abord un grand cri, demanda à boire; mais comme on lui offrit de l'eau, il voulut qu'on y mêlât du vin; il dit : « Il me faut de la force ici. » Il persévéra à soutenir qu'il n'y avait, dans son crime, ni complot, ni complices. « Je me proposais, dit-il, de venger l'honneur et la gloire du parlement; je croyais rendre un service à l'état et faire une œuvre méritoire devant Dieu. » On le conduisit à l'échafaud. Lorsqu'on l'eut déshabillé, il regarda tous ses membres avec attention, et promena un regard assuré sur la foule prodigieuse qui couvrait la Grève, remplissait les croisées et couvrait les toits. Les bourreaux brûlèrent d'abord, avec un feu de soufre, la main droite de Damiens, armée du couteau parricide; la douleur lui arracha un cri terrible; ensuite il leva la tête et regarda sa main tranquillement. On l'entendit hurler lorsqu'il fut tenaillé aux bras, aux jambes, aux cuisses, aux mamelles et qu'on jeta dans ses plaies le plomb fondu, l'huile bouillante, la résine, la cire et le soufre brûlans. Après, il regarda chaque partie de son corps et toutes les pièces de l'horrible appareil de son supplice avec une singulière et froide curiosité; enfin, les efforts de quatre chevaux vigoureux duraient, depuis une demi-heure, pour opérer l'écartellement; l'extension des membres était incroyable; il fallut que les commissaires ordonnassent qu'on coupât les muscles principaux. Le jour touchait à son déclin, et l'on désirait que le supplice fût terminé avant la nuit. Damiens avait perdu deux cuisses et un bras, il respirait encore; ce ne fut qu'au démembrement de son dernier bras qu'il expira. Le tronc et les membres épars furent aussitôt jetés dans un bûcher dressé près de l'échafaud.

Il est évident que cet énergumène n'avait aucun complice; il déclara toujours qu'il n'avait pas voulu tuer le roi, mais seulement le blesser (Interrogatoire du parlement). Dans son premier interrogatoire, il dit : « La religion seule m'a déterminé à cet attentat. »

Il déclara à la question que c'était l'archevêque de Paris, le refus des sacremens et les disgraces du parlement qui l'avaient porté au régicide.

ASSASSINAT

DE JOSEPH II, ROI DE PORTUGAL.

Inconcevable modération envers les religieux qui avaient conseillé ce meurtre.

(VOLTAIRE, *Siècle de Louis XV.*)

Les jésuites étaient, comme on sait, les souverains véritables du Paraguay, en reconnaissant le roi d'Espagne. La cour d'Espagne avait cédé, par un traité d'échange, quelques districts de ces contrées au roi de Portugal, Joseph II, de la maison de Bragance. On accusa les jésuites de s'y être opposés et d'avoir fait révolter les peuplades qui devaient passer sous la dénomination portugaise. Ce grief, joint à beaucoup d'autres, fit chasser les jésuites de la cour de Lisbonne.

Quelque temps après, la famille de Tavora, et surtout le duc d'Aveiro, oncle de la jeune comtesse Estaide d'Atouguia, le vieux marquis et la marquise de Tavora, père et mère de la jeune comtesse; enfin le comte Estaide son époux, et un des frères de cette comtesse infortunée, croyant avoir reçu du roi un outrage irréparable, résolurent de s'en venger. La vengeance s'accorde très bien avec la superstition. Ceux qui méditent un grand attentat cherchent parmi nous des casuistes et des confesseurs qui les encouragent. La famille, qui pensait être outragée, s'adressa à trois jésuites, Malagrida, Alexandre et Mathos. Ces casuistes décidèrent que ce n'était pas seulement un péché qu'ils appellent *véniel* de tuer le roi.

Il est bon de savoir, pour l'intelligence de cette décision, que les casuistes distinguent entre les péchés qui mènent en enfer et ceux qui conduisent en purgatoire pour quelques temps, entre les péchés que l'absolution d'un prêtre remet moyennant quelques prières ou quelques aumônes et les péchés qui sont remis sans aucune satisfaction. Les premiers sont mortels, les seconds sont véniels.

La confession auriculaire causa un parricide en Portugal, ainsi qu'elle en avait produit dans d'autres pays. Ce qui a été introduit pour expier les crimes en a fait commettre. Telle est, comme on l'a déjà vu souvent dans cette histoire, la déplorable condition humaine.

Le 3 décembre 1758, les conjurés, munis de leurs pardons pour l'autre monde, attendirent le roi, qui revenait à Lisbonne d'une petite maison de campagne, seul, sans domestiques et la nuit; ils tirèrent sur son carrosse et blessèrent dangereusement le monarque.

Tous les complices, excepté un domestique, furent arrêtés. Les uns périrent par la roue, et les autres furent décapités. La jeune comtesse Estaide, dont le mari fut exécuté, alla, par ordre du roi, pleurer dans un couvent tant d'horribles malheurs, dont elle passait pour être la cause. Les seuls jésuites, qui avaient conseillé et autorisé l'assassinat du roi par le moyen de la confession, moyen aussi dangereux que sacré, échappèrent alors au supplice.

Le Portugal n'ayant pas encore reçu, dans ce temps-là, les lumières qui éclairent tant d'états en Europe, était plus soumis au pape qu'un autre. Il n'était pas permis au roi de faire condamner à la mort, par les juges, un moine parricide ; il fallait avoir le consentement de Rome. Les autres peuples étaient dans le 18e siècle, mais les Portugais semblaient être dans le 12e.

La postérité aura peine à croire que le roi de Portugal fit solliciter à Rome, pendant plus d'un an, la permission de faire juger, chez lui, des jésuites ses sujets, et ne put l'obtenir. La cour de Lisbonne et celle de Rome furent long-temps dans une querelle ouverte ; on alla même jusqu'à se flatter que le Portugal secouerait le joug que l'Angleterre, son alliée et sa protectrice, avait foulé aux pieds depuis long-temps ; mais le ministère portugais avait trop d'ennemis pour oser entreprendre ce que Londres avait exécuté ; il montra, à la fois, une grande fermeté et une extrême condescendance.

Les jésuites les plus coupables étaient en prison à Lisbonne ; le roi les y laissa et prit le parti d'envoyer à Rome tous les jésuites de ses états. On les déclara bannis pour jamais du royaume ; mais on n'osait livrer à la mort les trois jésuites accusés et convaincus de parricide. Le roi fut réduit à l'expédient de livrer au moins Malagrida à l'inquisition, comme suspect d'avoir autrefois avancé quelques propositions téméraires qui sentaient l'hérésie.

Les dominicains, qui étaient juges du Saint-Office, et

assistant du grand-inquisiteur, n'ont jamais aimé les jésuites ; ils servirent le roi mieux que n'avait fait Rome. Les moines déterrèrent un petit livre intitulé *la Vie héroïque de Sainte-Anne, mère de Marie, dictée au révérend père de Malagrida par Sainte-Anne elle-même.* Elle lui avait déclaré que l'immaculée conception lui appartenait comme à sa fille, *qu'elle avait parlé et pleuré dans le ventre de sa mère, et qu'elle avait fait pleurer les chérubins.* Tous les écrits de Malagrida étaient aussi sages ; de plus, il avait fait des prédictions et des miracles : tout cela lui fut reproché dans son procès ; et voilà pourquoi il fut condamné au feu, sans qu'on l'interrogeât seulement sur l'assassinat du roi, parce que ce n'est qu'une faute contre un séculier, et que le reste est un crime contre Dieu. Ainsi l'excès du ridicule et de l'absurdité fut joint à l'excès d'horreur. Le coupable ne fut mis en jugement que comme un prophète, et ne fut brûlé que pour avoir été fou, et non pas pour avoir été parricide.

MORT DE KLÉBER.

(Fabrice Labrousse, *Extrait du Conteur.*)

Lorsque Bonaparte eut quitté l'Égypte, Kléber prit le commandement de l'armée. Kléber était un guerrier taillé à l'antique ; il inspira aux Égyptiens un profond respect pour ses hautes qualités. Ils croyaient à sa parole autant qu'à la sainteté d'un précepte du Coran. Jussuf-Pacha, grand-visir, et placé à la tête des forces turques en Égypte, après avoir, de concert avec l'Angleterre, rompu le traité signé à El-Arich, venait d'essuyer une défaite complète à Héliopolis, où Kléber punit par une brillante victoire un manque de foi provoqué par de basses intrigues.

Jussuf se retira dans la ville de Jaffa, et ne songea plus

qu'à venger sa honte par un lâche assassinat. Afin d'animer le fanatisme dans l'âme des Musulmans, et de susciter un homme qui servît ses projets de crime, il fit répandre plusieurs écrits dans lesquels il appelait les vrais croyans au combat sacré. Suivant le Coran, quiconque trempe ses mains dans le sang d'un infidèle, se rend digne d'une éternelle félicité dans le ciel : c'est accomplir le combat sacré. Jussuf ne manqua pas de désigner Kléber.

Peut-être les exhortations de Jussuf-Pacha seraient restées sans effet, car il y avait de quoi rebuter le plus intrépide et le plus dévot des Mahométans, en songeant à ce qu'il fallait de résolution pour s'aventurer à travers l'armée française, et arriver jusqu'à Kléber; mais un homme se rencontra, un homme fut excité à la fois et par son exaltation religieuse et par de funestes circonstances.

Lorsque l'appel fait à la piété des Musulmans se répandit dans les diverses provinces de la Syrie, il y avait à Jérusalem un aga des janissaires, nommé Ahmed, que le visir avait envoyé en exil dans cette ville. Ahmed, courtisan qui voulait rentrer en grâce à tout prix, chercha autour de lui un homme dont il pût se faire un instrument ; il ne se sentait pas le courage d'aller jusqu'à Kléber le poignard à la main; mais il avait calculé que si les instigations poussaient quelque fanatique à accomplir l'acte recommandé par Jussuf aux vrais croyans, il pourrait, en s'appuyant sur un pareil service, se présenter au visir, et demander sa récompense; et pendant qu'il se livrait à d'actives et infructueuses recherches, un jeune pélerin que la dévotion avait attiré à Jérusalem demanda à lui parler. Ce pélerin était Soleyman-el-Habbi : le hasard avait favorisé Ahmed.

« Puissant aga, dit Soleyman à Ahmed, je suis le fils de Hadji-Mohammed-Hamyn, un vrai croyant, qui m'a enseigné les saintes lois du prophète. Voilà que mon père a déplu au glorieux Ibrahim, pacha d'Alep, et que chaque jour il se courbe tremblant sous une colère qu'il n'a pas méritée. Je me suis souvenu du temps où vous commandiez dans Alep les janissaires; le pacha vous estime entre les braves : voudriez-vous, seigneur, le prier de regarder mon père avec des yeux moins irrités? » Ahmed répondit à Soleyman avec bienveillance, et devinant qu'il avait rencontré un fanatique à servir ses projets, il s'empressa de présenter à son imagination les récompenses promises à celui qui voudrait entretenir le *combat sacré;* il lui parla de son père, qui désormais vivrait heureux, grâce au dévouement de son fils, et du ciel qui, à sa mort, s'ouvrirait pour lui avec ses mille trésors de délices et de félicités. Soleyman était facile à convaincre; il jura que Kléber tomberait sous son poignard; et Ahmed, joyeux, le pressa de prendre le chemin du Caire, où se trouvait le général français. Il l'adressa aux desservans de la principale mosquée.... Ceux-ci l'accueillirent avec force démonstrations d'amitié, lorsqu'il eût exposé le motif qui l'amenait au Caire. Des exhortations lui furent encore prodigués, et il se raffermit dans une résolution qu'il envisageait à travers les prestiges de son imagination malade.

Un mois s'écoula avant qu'il pût exécuter son dessein; mais le 14 juin 1800, Soleyman annonça à un des ministres de la mosquée que l'heure du combat sacré était venue, et il partit pour Giseh, où Kléber occupait la maison de Mourad-Bey, en attendant qu'on eût réparé celle qui lui était destinée au Caire. Arrivé à Giseh, Soleyman se mêla aux domestiques du général en chef, épiant une occasion favorable pour le frapper. Cette occasion se fit attendre; Kléber monta dans un bateau, s'arrêta dans l'île de Rondah, et se fit conduire au Caire. Soleyman était parvenu à se glisser parmi ceux qui accompagnaient le général. Arrivé au Caire, Kléber visite le palais qu'il doit bientôt habiter, et va déjeûner chez le général Damas, chef de l'état-major-général de l'armée. La réunion était nombreuse; Kléber s'y montra heureux et satisfait au milieu des amis dont il était environné. A deux heures, il sortit pour aller continuer l'inspection des travaux de son palais. Il n'était accompagné que de l'architecte Protain, membre de l'institut d'Égypte. Une longue terrasse, couverte par des berceaux de vigne, liait les deux habitations du général en chef et du chef d'état-major. Or, pendant que Kléber et l'architecte s'avançaient le long de cette terrasse, s'entretenant des réparations que dirigeait Protain, un homme sortit du fond d'une galerie, et aborda le général comme pour lui baiser la main, signe de respect auquel Kléber était accoutumé de la part des Égyptiens. Kléber se tourne vers cet homme avec un sourire affable, et au même instant il reçoit un coup de poignard. Il tombe renversé sur le bord d'une terrasse, et, apercevant un de ses gardes sur la place Esbekieh : « A moi! guide, s'écria-t-il d'une voix défaillante, je suis assassiné! » L'assassin restait immobile, regardant sa victime avec une sorte d'impassibilité. Protain, qui était sans armes, se jette sur lui avec toute la fougue du désespoir; une lutte terrible s'engage, et l'architecte, frappé de six coups de poignard, tombe auprès de Kléber. Soleyman, car c'était lui, revient furieux auprès du général, et se penchant vers lui, il lui porta encore trois coups de poignard ; mais la première blessure avait suffi, et l'arme avait d'abord pénétré jusqu'au cœur. Entendant du bruit autour de lui, Soleyman courut se cacher dans les jardins du palais.

Cependant le guide que Kléber avait appelé à son secours entra précipitamment dans la maison du général Damas et y répandit l'alarme. On se précipite vers la terrasse; les amis de Kléber le pressent dans leurs bras, et l'interrogent en pleurant. Il ne donne aucune réponse; pourtant sa respiration n'est pas encore éteinte. On le transporte dans la maison du chef d'état-major; mais, au moment où les chirurgiens s'approchent de lui, Kléber rend le dernier soupir.

L'architecte Protain est rappelé à la vie par les soins que

lui prodiguent les docteurs Desgenettes et Casabianca, et les premières paroles qu'il put articuler font connaître que l'assassin est un musulman assez mal vêtu.

Le bruit de l'assassinat de Kléber se répand rapidement dans la ville; les soldats courent aux armes, furieux de se voir ainsi arracher le seul homme qui pût les consoler de l'absence de Bonaparte. Les habitans du Caire se renferment tremblans dans leurs maisons, et ils écoutent avec terreur les cris de vengeance qui se mêlent au roulement des tambours. Si les officiers de l'armée n'avaient généreusement comprimé cet élan de désespoir, le Caire disparaissait, englouti dans les flammes.

Tandis qu'on se livrait à d'actives recherches, et que les soupçons passaient tour à tour sur la tête de plusieurs Musulmans, deux guides de Kléber découvrirent dans les jardins du palais un jeune homme caché sous l'abri d'un nopal touffu. Protain le désigna comme l'assassin, et on se rappela l'avoir vu rôder fréquemment sur les pas du général en chef.

Une commission militaire fut immédiatement nommée pour juger Soleyman. Au premier interrogatoire qu'il subit, il nia son crime avec assurance. Suivant l'usage pratiqué en Orient dans de semblables circonstances, la commission ordonna qu'il recevrait la bastonnade sur la plante des pieds, sorte de torture qu'elle remit au ministère du chef du corps des mameloucks, Bartholomeo Serra, un homme de fer, qui s'empressa de réclamer le privilége inhérent à sa charge, de suivre le criminel à travers les supplices qui l'attendaient. Bartholomeo n'obtenant aucun aveu, promit à Soleyman qu'il aurait sa grâce s'il avouait son crime et nommait ses complices. Le jeune Syrien se rendit à cette promesse, moins par la crainte de la mort que par le désir de revoir son pays et son père, et il désigna comme complices les ministres de la mosquée El-Hazar; et quand sa déposition fut terminée, il réclama la parole de Bartholomeo : « Rendez-moi la liberté, dit-il, que j'aille délivrer mon père de la prison où le retient le pacha d'Alep. » Bizarre mélange de fanatisme et de piété filiale! Si Kléber eût survécu à sa blessure, son ame généreuse eût pardonné au malheureux Syrien; mais les Français avaient une vengeance terrible à tirer du meurtrier.

Le général Menou, qui avait pris le commandement de l'armée, fit arrêter trois desservans de la mosquée El-Hazar, désignés par Soleyman; un quatrième complice avait eu le temps de se sauver par la fuite. Ils nièrent d'abord toute participation au meurtre de Kléber; mais, confrontés avec Soleyman, qui leur reprocha vivement leur lâcheté et leur manque de foi, ils se prirent à gémir et à protester qu'ils avaient inutilement cherché à détourner le jeune Syrien de sa résolution. La commission prononça la peine de mort, mais faisant, à l'égard de Soleyman, une exception qui servît d'exemple et imprimât la terreur, elle le condamna à avoir le poing brûlé, à être empalé et exposé sur le pal jusqu'à ce que les oiseaux de proie eussent dévoré son corps. Il fut encore décidé que l'exécution des criminels n'aurait lieu qu'après les obsèques de Kléber, dont le corps avait été embaumé et renfermé dans un cercueil de plomb.

Le 17 juin, au lever du soleil, des salves d'artillerie de la citadelle, répétées par tous les forts, annoncèrent aux habitans du Caire que l'armée allait rendre les derniers devoirs à son chef.

Lorsque le cortége fut arrivé à l'esplanade du fort de l'Institut, où Soleyman et les ulémas étaient enfermés, on les fit sortir de leur cachot, et on lut en langue arabe la sentence de mort. Les ulémas se livrèrent au désespoir; Soleyman se montrait impassible; il était soutenu par cette excitation fanatique qui fait mépriser les tortures. Regardant ses compagnons avec mépris, il leur reprochait leur peu de foi; ceux-ci répondaient par des soupirs et des malédictions. Le jeune Syrien les vit passer tour à tour sous le damas qui tranchait leur tête, et son visage resta calme. Quand son tour fut venu, suivant une des conditions de la sentence, il posa la main sur un brasier ardent, leva les yeux au ciel, et supporta cette atroce douleur sans témoigner la plus légère émotion. Pendant que son poignet se consumait, un charbon se détache du brasier et vient brûler son coude; surpris tout-à-coup par cette nouvelle douleur, Soleyman pousse un cri perçant. Bartholomeo Serra était auprès de lui, le regardant comme Méphistophélès : « Eh quoi ! dit le chef des mameloucks avec une infernale ironie, c'est là ton courage ? Tu gémis maintenant pour un charbon ; tout à l'heure le brasier n'y faisait rien ! » — Chien ! répond Soleyman, fais ton métier de bourreau ; tu n'es pas digne de me parler. La douleur dont je me plains n'était point ordonnée par mes juges. »

Quand le poignet fut brûlé, Bartholomeo exécuta le supplice du pal. L'instrument, élevé en l'air, fut fixé solidement à terre. Soleyman conserva la même impassibilité, et si sa figure se décomposa, ce fut par suite des efforts qu'il faisait pour dissimuler ses tourmens. Promenant lentement ses regards sur les spectateurs de son agonie : *Il n'y a d'autre Dieu que Dieu, et Mahomet est son prophète*, dit-il à haute voix, rendant ainsi un sublime témoignage de la croyance qui l'avait fanatisé. Il récita ensuite quelques versets du Coran et demanda à boire. Un soldat français, qui était de faction auprès du pal, et qui souffrait de ce spectacle, allait satisfaire Soleyman. « Gardez-vous-en bien, lui dit l'inexorable Bartholomeo, boire lui ferait le plus grand bien, car il mourrait sur-le-champ ; je veux qu'on le laisse souffrir jusqu'à la fin. » Soleyman vécut sur le pal pendant quatre heures, et peut-être cette existence atroce se serait encore prolongée, mais un soldat qui avait remplacé le premier factionnaire, profitant du moment où Bartholomeo dirigeait ailleurs ses regards, placa un vase au bout de sa baïonnette et le tendit au malheureux Syrien : il but et expira.

Le docteur Larrey donna au muséum d'Histoire naturelle le squelette de l'assassin de Kléber, qu'il avait apporté en France lors de l'évacuation de l'Egypte ; en étudiant le crâne du jeune Syrien, d'après le système de Gall, on y remarque à un degré très-prononcé la bosse du fanatisme.

ASSASSINAT DU DUC DE BERRI.

(Bellard, *Procès de Louvel.*)

Le 13 février 1820, dimanche gras, M. le duc et Madame la duchesse de Berri arrivèrent au théâtre de l'Opéra vers huit heures du soir, pour y assister au spectacle. Madame la comtesse de Béthisy, dame pour accompagner, était dans la voiture de LL.AA. M. le comte de Clermont-Lodève, gentilhomme d'honneur de M. le duc de Berri, M. le comte de Mesnard, son premier écuyer, et M. le comte de Choiseul, son aide-de-camp, suivaient le prince.

Tous les jours d'opéra, il y a pour le service de ce spectacle dix-neuf hommes de la garde royale, avec un sergent et vingt-et-un hommes de la gendarmerie. Ce jour-là, ce dernier détachement, attendu le carnaval, fut porté à trente-deux ; il y avait par conséquent cinquante-deux militaires de garde ; d'un autre côté, il s'y trouvait neuf agens civils : en tout soixante-et-un hommes. La surveillance était donc montée avec plus de soin qu'à l'ordinaire.

Quoi qu'il en soit, à l'instant où M. le duc et Madame la duchesse de Berri descendirent de voiture, l'ordre fut donné, tout haut, aux gens de les ramener à onze heures moins un quart. L'ordre fut ponctuellement exécuté. A dix heures et demie, les voitures stationnaient dans la rue Rameau. Non loin d'elles était un cabriolet de la suite du prince. Dès long-temps M. le préfet de police avait donné des instructions expresses pour que, dans cette même rue, quand les princes étaient au théâtre, on ne laissât pas séjourner d'autres voitures que les leurs. Les officiers de surveillance avaient mis beaucoup de zèle à faire exécuter cette consigne; mais il était un peu dans la nature des choses que ce zèle éprouvât quelque résistance de la part des personnes du cortége des princes, en raison même de la sollicitude qu'elles mettaient à ce que leur service fût fait avec promptitude. Aussi cette résistance, dont rien à l'avance ne révélait l'inconvénient, finit-elle par l'emporter sur les efforts des officiers de la police, qui en furent réduits à se borner d'écarter de la rue les voitures étrangères aux personnes de la cour.

Auprès de ce cabriolet toléré par lassitude, ainsi que quelques autres voitures de la suite, était un homme, petit de taille, vêtu de bleu, coiffé d'un chapeau rond, n'ayant rien de remarquable dans sa personne ni dans sa mise, et paraissant être le domestique du cabriolet, supposition à laquelle prêtait la circonstance que le jockei de ce même cabriolet, qui était dans l'intérieur, vaincu par le sommeil, s'était laissé glisser sur le coussin, et ne frappait plus les regards des surveillans.

C'était cet homme vêtu de bleu et de si modique apparence qui allait disposer de la vie d'un grand prince, et peut-être des destinées de la France!

M. le duc de Berri, plein d'une tendre sollicitude pour son épouse chérie, ne voulait pas que, surtout dans son état, elle poussât la veille trop avant dans la nuit; il avait obtenu de sa complaisance qu'elle ne se retirerait pas tard. A la fin du premier acte du ballet, il demanda l'heure à M. le comte de Clermont-Lodève. Ce seigneur lui répondit que onze heures allaient sonner. Le prince se leva. Madame la duchesse de Berri ne savait pas vouloir autre chose que son époux; elle prit son bras; M. le comte de Mesnard reçut l'autre main de la princesse. Elle fut ainsi conduite par l'un et par l'autre à sa voiture. Quand elle y fut montée, le prince eut l'attention de venir reprendre madame la comtesse de Béthisy, qui était un peu restée en arrière, pour la conduire de la même manière, et aussi avec l'assistance du comte de Mesnard, auprès de la princesse.

Un point bien digne de remarque, c'est que le prince avait sévèrement défendu que les postes fissent jamais la haie sur son passage pour empêcher la foule d'approcher; en vain on avait voulu quelquefois combattre cette répugnance qu'il montrait pour les précautions. « Point de précautions, » disait-il, au milieu d'un peuple qu'on chérit et qu'on es» time. » En ce moment donc, comme dans toutes les occasions pareilles, les soldats de sa garde étaient sous le vestibule; un seul factionnaire était près de la voiture, présentant les armes. Déjà un valet de pied avait relevé le marche-pied, un autre déposait dans la voiture la pelisse de la princesse. M. le comte de Choiseul s'acheminait pour précéder le prince, qui allait rentrer quelques momens et voir la fin du ballet. Le comte de Mesnard en faisait autant. M. de Clermont-Lodève s'était arrêté sur le seuil de la porte. Le prince, en action déjà pour rentrer, venait de se pencher une dernière fois vers la voiture, en disant d'une voix caressante : *Adieu, Caroline, nous nous reverrons bientôt.* La portière n'était pas encore fermée. Il se retourne pour rentrer. Ce misérable homme bleu, pendant ses mouvemens, avait quitté sa place. Il s'était glissé entre le mur et les chevaux; tout à coup il s'élance du côté de M. le duc de Berri, le choque, et passe comme un éclair. Tout le monde aperçut un mouvement, personne, au premier coup-d'œil, ne se doutait même de ce qu'il avait été ni de l'affreuse vérité; tous les assistans, au contraire, ne virent si multanément dans cet homme qu'un brutal entraîné par la curiosité et l'étourderie. Cette idée prévalut d'abord à tel point dans tous les esprits, que M. le comte de Choiseul le prit vivement par l'habit, et le repoussa en lui disant : « Prenez donc garde! » Sur ces paroles, l'homme rebroussa chemin en fuyant vers la rue de Richelieu. Cependant, jeté par le choc sur M. de Mesnard, le prince, qui au moment de la rencontre parut avoir cru lui-même n'avoir été que heurté, s'écria bientôt : *Cet homme m'a tué! je suis assassiné! je suis mort! je tiens le poignard!* Aux premiers cris du prince, MM. de Clermont et de Choiseul se précipitèrent sur les pas du fuyard, dont ils n'abandonnèrent les traces, pour venir prodiguer des secours au prince, que quand ils virent que beaucoup de gardes étaient à la poursuite du meurtrier. A ce cri aussi madame la duchesse de Berri voulut s'élancer par la portière, dont la botte n'était pas relevée, mais qui n'était pas encore fermée. Madame de Béthisy enlaça fortement la princesse pour s'y opposer. *Au nom de Dieu, Madame*, lui dit-elle, *songez à votre état....* — *Madame*, repartit avec énergie la duchesse, *je vous ordonne de me laisser aller*. M. le duc de Berri, de son côté, lui cria : *Ma femme, ne descends pas.* Mais, se sentant défaillir, il ne put s'empêcher de s'écrier : *Viens, ma Caroline, que je meure dans tes bras!* A ces mots nulle force humaine ne put plus contenir la malheureuse épouse; elle repoussa madame de Béthisy, se précipita par la portière, au risque de se tuer sur le pavé. Madame de Béthisy s'élança après elle; toutes deux vinrent au prince, qui dans ce moment tenait encore sa main sur l'arme dont il avait été frappé. A cet instant il la retira de sa profonde blessure. C'était un poignard grossièrement façonné, emmanché dans du bois, et dont la lame, large et tranchante autant qu'aiguë, avait plus d'un demi-pied de longueur. On conduisit doucement le duc jusqu'à un banc placé dans le passage, on l'y assit; madame la duchesse de Berri et madame de Bethisy le soutenaient. Un moment il avait perdu connaissance; il reprit ses sens, et sa malheureuse épouse, couchée sur lui, et le couvrant de ses larmes, s'efforçait, en appliquant la main sur la plaie, d'arrêter l'écoulement du sang.

C'est à cet instant même si solennel et si douloureux,

que le féroce assassin, saisi par ceux qui l'avaient poursuivi, fut amené à la porte du lieu où se passait cette scène lugubre. Quelques pas de plus, et il allait se trouver au milieu de ses victimes, si M. le comte de Clermont-Lodève ne s'en fût aperçu.

Il se précipita au-devant des gardes, à qui il ordonna de conduire l'assassin au bureau de police dans le vestibule. Là, ne pouvant plus maîtriser son indignation. « Monstre, lui dit-il, qui t'a poussé à commettre un pareil crime? — Ce sont les plus cruels ennemis de mon pays, répondit le meurtrier. — Mais encore, qui t'a payé? — Personne. » On trouva sur Louvel (c'est le nom du meurtrier) le fourreau du poignard qu'il avait abandonné dans les flancs du prince, un deuxième poignard et son fourreau, et une clef.

Cependant on songea à transporter le prince dans un lieu plus commode que ce passage, où il s'était d'abord arrêté: ses gentilshommes le soutinrent pour le conduire au petit salon de la loge, où on l'assit sur un fauteuil garni de coussins. Aidée de madame de Béthisy, madame la duchesse de Berri commença par le deshabiller en partie, pour visiter sa blessure. Toutes deux elles le tenaient penché pour faciliter l'écoulement du sang et prévenir l'étouffement. Dans cette situation, il ne cessait de répéter : *Je suis bien mal! un prêtre! un prêtre! Viens, ma Caroline, que je meure dans tes bras*. Attentive à ses moindres mouvemens, la princesse lui prodiguait tour-à-tour les soins et les caresses les plus tendres; elle essuyait tantôt son sang, tantôt la sueur qui lui coulait du visage; quelquefois, à genoux près de lui, elle le consolait et priait.

Un médecin passa par hasard dans la rue: c'était le docteur Droguet; le docteur Blancheton survint peu après; enfin le docteur Lacroïx. Une saignée fut décidée entre eux trois. Aussitôt que M. Blancheton eut examiné la blessure, la princesse voulut savoir si elle était mortelle. « M. Blan-» cheton, lui dit-elle, je vous en conjure, dites-moi la vé-

» rité. J'ai du courage, beaucoup de courage, ajouta-t-elle » avec force. » M. Blancheton n'osait répondre. Alors elle se précipitait à genoux; elle priait avec ardeur; et aussitôt que, grâce à ce saint exercice, un peu de calme était revenu dans son âme, elle retournait, l'air serein, près de son époux, pour soulager ses souffrances et consoler son esprit. C'est alors qu'il était cruel d'entendre le prince, jugeant bien son état, exprimer une tendre reconnaissance à tous ceux qui l'entouraient, et leur dire avec une voix déchirante : *Vos soins sont inutiles, je suis perdu.*

Successivement l'auguste et l'infortunée famille se rassemblait dans ce petit espace devenu le centre d'un si effroyable malheur et de tant d'émotions si légitimes. M. le duc d'Orléans, la duchesse son épouse et mademoiselle d'Orléans, arrivèrent les premiers pour unir leur profonde douleur à celle de madame la duchesse de Berri; M. le duc d'Angoulême, puis Monsieur et Madame qu'on n'avait pu retenir. M. l'évêque de Chartres, que ne cessait de demander M. le duc de Berri, ne tarda pas à paraître. Le comte de Nantouillet, assidu compagnon et fidèle ami du prince, tous les secours temporels d'un autre côté, étaient arrivés : MM. de Thérin, Bougon et Fournier, M. Dupuytren, M. Dubois, MM. Roux et Baron, tout ce que la chirurgie offre de plus savant et de plus illustre, avait été appelé; tous ils étaient venus apporter avec un empressement honorable non moins pour leur cœur que pour leur art, le tribut de talens qui malheureusement devaient échouer contre l'infernale habileté avec laquelle un scélérat avait su frapper un coup infaillible.

Les médecins n'eurent qu'un avis sur l'impossibilité de transporter le prince. On fit à la hâte un lit sur des chaises. Un peu plus tard, on le rendit plus commode en substituant aux chaises un lit de camp.

Déjà le prince avait vivement demandé bien des fois s'il n'aurait pas la consolation de voir le personnage le plus auguste de sa famille, le seul, parmi ceux qui pouvaient assister à ses derniers instans, qu'il n'eût pas vu encore. *Le roi ne viendra-t-il pas*, s'écriait-il à chaque moment. *Ah! mon Dieu! il viendra trop tard! Aurais-je l'affreux malheur de ne plus le voir?*

Hé bien! le roi si désiré, le voilà! Que va lui demander le prince? Du plus loin qu'il l'aperçoit, il lui tend ses bras défaillans, il lui crie: *Ah! sire! sire! la grâce de l'homme, la grâce de la vie au moins, je la demande au roi, je la demande à mon oncle.*

Le roi ne pouvait pas promettre, il ne la promit pas; dix fois, vingt fois, cent fois le prince revint à la charge, et toujours ces mots : *Grâce, grâce pour l'homme* (car, comme on l'a remarqué, il ne l'appelait pas son assassin), venaient se replacer sur ses lèvres avec instance, avec feu, avec importunité, avec violence, à chaque caresse que lui faisait ce tendre père, à chaque parole de consolation qu'il lui adressait; ces mots furent les dernières qu'il murmura.

Cependant, aussitôt que l'assassin avait été arrêté, il avait dû être livré à la justice. Il déclara s'appeler Louis-Pierre Louvel, être natif de Versailles, âgé de trente-six ans, garçon sellier, employé pour le compte du sieur Labourelle, sellier du roi, et demeurant aux écuries. Du reste, il reconnut à l'instant que c'était lui qui était coupable du meurtre ; il se vanta, même avec férocité de méditer cet exécrable projet depuis 1814, regardant les Bourbons comme les plus grands ennemis de son pays.

La détresse où était réduit son père l'avait obligé à le déposer à l'hospice de la Pitié ; il en sortit à dix ans, c'est-à-dire en 1794. Il a raconté avec naïveté qu'il avait appris à lire et à écrire dans *les Droits de l'homme*, *la Constitution*, *les prières républicaines*, *les hymnes républicains*, et qu'il n'a jamais lu d'autres ouvrages que les livres de *morale républicaine* et les livres des *théophilantropes*, dans lesquels il apprit, dès sa première jeunesse, à haïr la religion et à méconnaître les plus saintes lois.

Si l'on veut savoir quelle est la terrible puissance de cette action infernale des mauvais principes sur une faible tête, c'est encore Louvel qui se chargera de l'apprendre par les observations dont il est devenu le sujet. Louvel était né doux, docile et gai; il était d'un bon caractère, et très-ouvert dans sa jeunesse; il était sobre, travailleur, rangé; il n'aimait pas à faire de dettes; il avait des vertus de famille. Au total, il semble que, sans sa funeste éducation, il n'eût pas été porté au crime. A lui-même, qui, dans ce déplorable procès, n'a jamais parlé que du regret de n'avoir pas assouvi sa rage sur tous les Bourbons, il est échappé de dire une fois : « Je voudrais n'avoir jamais connu ces livres, j'aurais » continué d'exister dans la société, j'aurais pu être un bon » père, un bon époux, au lieu de périr sur un échafaud, » comme je vais le faire. »

Il était fort jeune, il avait seize ans, son amour pour les *théophilantropes* le suivit à Paris; il continua d'assister à leurs assemblées; son caractère s'y forma aux rêveries, à l'entêtement et aux idées hostiles contre l'ordre social; c'est alors qu'il devint sombre, solitaire et concentré; l'amitié, ce charme de tous les âges de la vie, et principalement de la jeunesse, lui fut inconnue. Dans un de ses interrogatoires, il a dit, avec une sécheresse de cœur que l'on conçoit d'un tel homme : *Je vis seul et je n'ai aucun ami* (1).

ATTENTAT DE FIESCHI

SUR LA PERSONNE DE LOUIS-PHILIPPE.

(*Auguste Bonjour.*)

Une grande solennité militaire et populaire! partout des habits de fête, de la joie dans tous les cœurs! des acclamations d'allégresse dans toutes les bouches! Tous les tambours

(1) Louvel, condamné à mort, a subi son supplice sans témoigner la moindre émotion, comme il n'avait éprouvé aucun remords de son crime.

battent aux champs, et les drapeaux de juillet s'agitent à la tête de toutes les légions et pavoisent toutes les fenêtres de la capitale; le cortége royal est en marche; les fanfares guerrières font retentir dans les airs le chant national qui se mêle aux commandemens multipliés des chefs et aux rapides mouvemens des armes sur toute la ligne... Tout-à-coup une effroyable décharge se fait entendre! un tumulte horrible! des gémissemens! des cris déchirans! La foule, frappée d'épouvante, se presse, se heurte, va, revient, tourbillonne sous l'impulsion de la terreur et de la curiosité. Ciel! quel épouvantable massacre! De tous côtés des soldats, des citoyens, des vieillards, des femmes, des enfans, étendus sur la poussière, mutilés et baignant dans leur sang, des chevaux qui chancellent sous leurs cavaliers, fléchissent, tombent, se relèvent et retombent en roulant sur le pavé, et jettent la confusion dans tous les rangs! Au milieu de ce cercle énorme de carnage, un roi sauvé par miracle! par miracle, toute une famille royale saine et sauve! Peu de jours après, aux roulemens sourds et lugubres des mêmes tambours voilés de noir, sur ce même théâtre de deuil, au milieu des larmes, du silence et du plus profond recueillement de toute une population la tête nue et inclinée, à la file les uns des autres passent quatorze cercueils! A l'endroit fatal, chacun lève involontairement un regard vers cette fenêtre si meurtrière; elle est voilée d'une longue toile grise; elle était voilée lorsque la mitraille assassine était derrière et que tant de trépas furent lancés de son embrasure.

Souris donc, Fieschi, démon du meurtre, héros de tant de funérailles; souris donc avec ta lèvre fendue et ton orbite échancré, fais venir ce soir ta fangeuse Lassave; que, pour aborder ton repaire, elle enjambe par dessus tous ces cadavres livides et palpitans d'hommes, de femmes, d'enfans et de chevaux, par dessus tous ces membres fracassés, toutes ces poitrines criblées de coups; entraîne-la ce soir sur ta couche de paille, et tout haletant encore de férocité, étreins-la dans tes bras noircis et brûlés de poudre, et assouvis dans son sein ta luxure de cannibale.

En face de tant de forfaits, le vice et la débauche n'ont plus de honte; tu peux te glorifier de tes déréglemens. Pour soutenir et alimenter les ressorts de ton âme, amène cette impure maîtresse dans l'enceinte de la justice, fais-a poser toute parée continuellement devant toi; échange avec ta louve des regards brûlans de concupiscence; fais voyager, par dessus le front des austères magistrats, des signes de caresses et d'impudicité. La justice, politiquement intéressée à te complaire, veut bien descendre à te le permettre, et lorsque la hache aura séparé du tronc ta tête odieuse, le génie de la cupidité viendra s'incliner devant la concubine du parricide; et tandis qu'une simple couronne de blanches fleurs d'oranger décorera le cercueil de cette jeune vierge ta victime, qui n'eut d'autre hymen que la mort destinée à un roi, d'autre dot que de royales funérailles, celle qui prostitua ses flancs à ta lubricité, dont le cœur a battu à côté du tien et le front reposé à côté de ce front qui méditait à froid tous ces crimes et tout ce carnage, verra déposer à ses pieds de l'or et des présens pour trafiquer de sa hideuse célébrité! Elle viendra nous offrir, nous verser l'ambroisie de ses mains qui ont touché tes mains, toutes ruisselantes du sang de nos frères! Non, non, la pudeur publique aura son jour de bon sens, de déssillement et d'énergie.

Quelques jours avant le 28 juillet, de sinistres pressentimens, une secrète et vague terreur, agitaient tous les esprits; les craintes inspirées par l'implacable fureur des ennemis du roi et les sourdes menaces des factions irritées de leur défaite, avaient redoublé d'intensité à l'approche des fêtes de l'anniversaire de juillet; tout semblait dans l'intérieur des familles prophétiser et attendre une sanglante catastrophe.

Le 28 juillet, le roi, dédaignant ces affligeantes rumeurs et les avis qui lui furent adressés, sortit à onze heures du palais des Tuileries pour se rendre sur les boulevarts, et passer en revue la garde nationale et la troupe de ligne. A cette solennité plus qu'à toute autre le poste des fils du roi était à côté de leur père; ils n'y manquèrent pas; aucun des amis de Sa Majesté, aucun des fidèles officiers de son palais ne manquait au cortége. L'aurore du soleil de juillet s'était levée brillante et radieuse, et avait dissipé dans l'esprit du peuple les alarmes et les défiances; une immense population en habits de fête couvrait les boulevarts. A midi, l'état-major, se dirigeant vers la Bastille, était arrivé devant le Jardin turc. Le roi, dont les regards étaient tournés vers la gauche, aperçut tout-à-coup un tourbillon de fumée sortir d'une fenêtre, et dit : *Joinville, ceci me regarde.* Au même instant, une forte détonation, semblable à un feu de peloton mal exécuté, se fait entendre, un horrible renversement se fait autour du roi. Le peuple, les soldats, tout s'émeut, tout s'agite, tous les yeux cherchent à travers la foule qui se presse le roi et sa famille. Le roi est à cheval, ses enfans sont à cheval, et, serrés près de lui, aucun d'eux n'a été frappé; les chevaux seuls sont blessés; une balle a rasé le front du roi, et y a laissé une empreinte noire; mais autour d'eux, quel épouvantable spectacle! L'illustre maréchal Mortier, des officiers de l'état-major, des officiers de tous grades sont frappés de mort! Une brèche horrible dans les rangs de la garde nationale! Des citoyens de tous les rangs, accourus de la ville et des campagnes à cette solennité, tués, blessés, criblés par cette décharge!

C'est alors que se passa une de ces scènes de douleur, de désordre et d'effroi, une de ces grandes scènes déchirantes si difficiles à dépeindre, et où la nature et l'humanité, saisies à l'improviste, ébranlées tout-à-coup par de soudaines commotions, révèlent dans toute leur étendue leurs touchantes inspirations, leur énergie sublime. Au milieu de la confusion générale, au milieu de ces flots de peuple se grossissant à chaque instant sur cette place ensanglantée, où gisaient plus de victimes frappées en trois secondes que sur un champ de bataille après un combat des plus meurtriers et de plusieurs heures, les corps du maréchal Mortier, duc de Trévise, une de nos plus glorieuses illustrations de l'empire, de M. Rieussec, lieutenant-colonel de la huitième légion de la garde nationale, de M. Villatte, capitaine d'artillerie et aide-de-camp du maréchal Maison, du général Lachasse de Vérigny, de plusieurs autres officiers et gardes nationaux, étaient déposés dans les jardins et les salons du Café turc par les soldats de la ligne et de la garde nationale, qui arrosaient de leurs larmes les restes de leurs chefs et de leurs compagnons d'armes; des frères emportant sur leurs épaules le cadavre d'un frère qui les avait accompagnés, le fils traînant contre un arbre celui de son vieux père, des mères, des épouses échevelées, les vêtemens en lambeaux, perçant les rangs des soldats, se précipitant à travers les jambes des chevaux pour pénétrer jusqu'à leurs maris, leurs fils, déjà transportés, déjà expirans dans les bras de leurs amis inondés de leur sang! D'autres mères déjà arrachées au tourment de l'inquiétude, mais trop certaines aussi de leur malheur, agenouillées, penchées, muettes et immobiles sur le corps d'un enfant inanimé, et fixant leurs regards sans espoir sur une blessure trop profonde qu'elles étanchent en vain, sur des lèvres pâlissantes et des paupières qui ne se relèveront plus. De tous côtés des cris de souffrance, des pleurs, des embrassemens et des derniers adieux, de tous côtés du zèle, du dévouement, les soins les plus généreux, les plus hospitaliers, les plus actifs des habitans voisins.

Dans ce moment le roi, supérieur à toutes les impressions de l'effroi, digne modèle de cette bravoure et de cette intrépidité qui distinguent le caractère de la nation française, avait changé de cheval, et ne voulut point arrêter la revue, il ne voulut point priver le reste des soldats et de son peuple qui, vaguement instruits de la nouvelle d'un grand forfait, attendaient le cortége dans une profonde anxiété, de la consolation de saluer ce front royal que venait de respecter la mort, et de faire éclater devant lui leur énergique indignation mêlée aux ardens témoignages de joie, d'attendrissement et d'amour. Avant l'attentat, des cris multipliés de *Vive le Roi!* se répétaient dans tous les bataillons à la hauteur de son passage; après l'attentat, ce ne fut qu'un tonnerre continuel de cris de *Vive le Roi! le Roi est sauvé!* qui retentissait sur les deux lignes, et se prolongeait sur toute l'étendue des boulevarts jusqu'aux dernières limites des légions.

Oh! il faut le dire à l'honneur de la France, en ce moment il n'y eut qu'une clameur universelle d'exécration contre les auteurs d'un si épouvantable forfait, il n'y eut, pour le roi, pour ses enfans qui l'entouraient, si miraculeusement échappés à cette grêle épaisse de balles et de mitraille, qu'un seul mouvement d'intérêt, qu'un seul élan d'enthousiasme, comme il n'y eût le soir et le lendemain, dans tous les journaux de la capitale, même les plus opposés au gouvernement, qu'un concert unanime de douloureuses et énergiques imprécations contre de semblables assassins.

Mais une épaisse fumée continuait de sortir de cette fenêtre, située au troisième étage d'une maison étroite et d'un extérieur fort mesquin. On y avait pénétré, on avait, à coups de crosse de fusil, enfoncé la porte barricadée à l'intérieur; une fumée considérable obscurcissait les objets; le criminel avait disparu; on trouva dans une première petite pièce un lit de paille et quelques canons de fusil. On arrive à l'infernale machine ; on trouve encore par terre plusieurs canons de fusil et une douzaine d'autres canons scellés sur deux traverses de bois grossièrement façonnées. Tous ces canons étaient brûlans, quatre d'entre eux étaient crevés, les murs étaient sillonnés de leurs éclats, le carreau était couvert de sang, on s'approche d'une fenêtre : une échelle de corde adaptée à l'un de ses angles pendait en dehors, une traînée de sang s'étendait sur toute la partie extérieure de la fenêtre, un homme venait de descendre par cette corde jusqu'à la hauteur d'un petit toit qui règne le long du deuxième étage de cette maison; il aperçoit les soldats dans la cour, et tout horriblement blessé qu'il était par les éclats de sa machine, il s'élance sur le toit voisin; mais la rapidité du mouvement fait tomber un pot de fleurs; à cette chute, un garde municipal lève les yeux, et s'écrie : *Voilà l'assassin!* Celui-ci se jette du haut du toit, se cramponne à une fenêtre ouverte, et se précipite dans une cuisine. A la vue de cet homme tout mutilé, le cou, le front entr'ouverts, la lèvre déchirée et pendante en lambeaux, une main fracassée, et essuyant de l'autre le sang qui tombait dans ses yeux, une femme qui se trouvait là recule, saisie d'épouvante : *Laissez-moi sortir*, lui crie-t-il d'une voix terrible; toute tremblante, elle lui ouvre elle-même la porte. Il fuit à grands pas, arrive dans la cour, et allait gagner la rue des Fossés-du-Temple lorsqu'il est arrêté par un capitaine et un soldat de la garde nationale.

Conduit à grand'peine au poste du Château d'eau, à travers les cris de vengeance et les menaces du peuple qui voulait en faire justice, on le fouille, on trouve sur lui un fouet composé de lanières armées de fortes balles de plomb, un couteau à plusieurs lames, un peu de poudre, et quelques pièces de monnaie; on lui demanda qui l'avait porté à accomplir un si grand crime : *L'amour de la gloire*, répondit-il; effrayante révélation de ce que peut produire sur ces âmes gangrenées d'orgueil et de vanité cette soif poignante d'une célébrité, quelque odieuse quelle soit! Bientôt il tombe en défaillance, et sa tête vient heurter sur le lit de camp contre lequel il était appuyé.

Dans ce jour fatal, il n'y eût pas une mère, une épouse, une sœur qui, en l'absence d'un fils, d'un mari, d'un frère, ne ressentit sa part d'une profonde anxiété à cette nouvelle, qui se répandit dans tout Paris aussi rapidement qu'un éclair. Et la reine! quelle part plus grande d'horribles tourmens et de joie douloureuse la Providence avait mesurée à son cœur, si rempli de tendresse et de vertus! Quelle scène vive et attendrissante se passa à la chancellerie, lorsqu'elle revit et pressa tour à tour dans ses bras son mari et ses trois fils, qu'un seul instant aurait pu lui ravir à la fois! Cette première émotion apaisée à peine, elle tourna ses regards noyés de larmes vers les pertes du peuple, elle pensa aussitôt qu'il y avait d'autres mères, d'autres épouses, moins heureuses qu'elle, et dont les époux et les fils avaient payé de leur sang, au démon du crime, la rançon des têtes royales que sa rage avait convoitées.

Les recherches les plus actives furent aussitôt ordonnées pour découvrir les noms, les adresses des blessés et de leurs familles; les docteurs de la maison du roi, les plus célèbres chirurgiens y furent envoyés, de promptes libéralités furent répandues. Les soins les plus vigilans en rappelèrent un bon nombre à la vie. Pour les morts, la plus touchante préoccupation inspira cette âme de reine si religieuse et si profondément pénétrée de la douleur nationale.

Les préparatifs les plus somptueux qu'il fut possible d'imaginer furent commandés pour honorer avec une dignité vraiment royale les dépouilles de ceux qui étaient tombés autour de la personne du roi. Leurs corps furent embaumés, enfermés dans des cercueils de plomb, amoncelés par étages dans une chapelle ardente à l'église de Saint-Paul, où le peuple, pendant quelques jours, fut admis à venir contempler l'ouvrage du crime politique, et à puiser, dans cette hécatombe fraternelle, des enseignemens d'horreur et d'aversion contre les assassins de tous genres. Aux familles des victimes fut réservé le triste privilége de plusieurs heures particulières, pour venir s'agenouiller seules sur les degrés de l'immense catafalque, se recueillir devant les restes d'une affection si brusquement tranchée, et mélanger librement en commun leurs regrets, leurs larmes et leurs prières.

Une solennelle et patriotique réparation d'un si grand désastre pouvait seule répandre quelque baume sur les plaies de tant de familles plongées dans la désolation ; le roi conçut cette haute pensée, et l'exécution surpassa en pompe et en magnificence toute l'attente qui avait agité les esprits pendant huit jours. Jamais de plus illustres funérailles n'avaient consacré des regrets plus unanimes et de plus nationales douleurs.

Dès le matin, le rappel s'était fait entendre; toutes les légions, fidèles à ce grand devoir, le crêpe au bras, réunies à leur cadre, occupèrent promptement la place qui leur était assignée. Toutes les campagnes voisines s'acheminèrent vers ces mêmes boulevarts où tant de citoyens de tous les rangs avaient été naguère si lâchement foudroyés; jamais une population plus immense n'avait encombré les places publiques, n'avait chargé les terrasses, les balcons et les toits des habitations. Tout Paris était là, plongé dans un vaste silence, pour contempler le spectacle inoui d'un cortége de tant de cercueils réunis dans une même pompe. On est en marche; environ soixante mille gardes nationaux, le fusil renversé, le visage empreint de la plus religieuse tristesse, défilent devant ce peuple qui attend immobile la grande scène qui va se dérouler sous ses yeux.

Vers dix heures le convoi déboucha par le coin du boulevart Saint-Antoine. Aux sourds et longs roulemens des tambours, aux accens d'une musique lugubre qui jetait un frémissement glacial dans tous les cœurs, à l'apparition des premières voitures du clergé, tous les cœurs se serraient par degrés sous le poids des plus cruels souvenirs. Bientôt un premier catafalque apparaît; il est tout drapé de gaze d'argent et de voiles d'une éclatante blancheur, de blanches aigrettes autour desquelles se balancent de longues plumes blanches en couronnent le dôme. Oh! tout Paris se rappellera long-temps l'extase indéfinissable d'admiration douloureuse et d'attendrissement où les âmes restèrent quelques instans plongées à la vue du char funèbre de cette pauvre jeune fille de quinze ans, tuée de la mort des guerriers dans ses habits de fête. A l'aspect de ces couronnes de fleurs virginales déposées sur son cercueil et de tous ces emblêmes de la pureté de l'innocence et de la mort, les larmes inondèrent tous les visages, l'émotion générale reporta vers la reine la pensée d'une aussi ingénieuse ordonnance. Puis vient le catafalque d'une autre femme, hélas! déjà mère, et en qui la mort a tranché deux existences d'un seul coup: la balle qui l'a frappée a frappé aussi un enfant qu'elle portait dans son sein; il y avait de la mitraille pour tout le monde, le régicide l'avait calculé; il fallait que la mort moissonnât sur une grande surface; rien ne lui avait coûté pour ne pas manquer la personne du roi.

Mais de plus mâles regrets éclatent à la vue du cénotaphe dont la pompe guerrière et les insignes révèlent les restes de l'intrépide maréchal Mortier, duc de Trévise, que vingt-cinq années de continuels combats avaient respecté, et qui vint succomber misérablement sous les coups partis d'une honteuse embuscade.

Puis viennent les catafalques de la huitième légion, les grenadiers de cette légion forment une haie mobile, et marchent à côté des cercueils de leurs malheureux frères d'armes, comme ils étaient auprès d'eux lorsqu'une grêle de balles vint les renverser. Ce poste d'honneur était bien dû aux survivans des braves! Insignes militaires, armoiries, chiffres de familles, drapeaux, voiles de deuil, fers de lances des batailles, couronnes de vierge, couronne ducale, rien n'a échappé à l'attention si recueillie du peuple; chacun lisait gravés sur les cénotaphes et redisait ces noms mémorables, ces noms chers à l'honneur, à la patrie, à la gloire. Oh! j'ai vu, j'ai escorté ce long défilé de morts; ma stupeur muette et pensive a compté ces quatorze cercueils qui allaient demander à la cendre hospitalière des héros de la France une place pour d'illustres infortunes.

Il y eut des honneurs, des regrets, des larmes, de la douleur pour tous, tous furent accompagnés par les mêmes émotions, nobles, graves et religieuses, jusqu'à la grille de l'hôtel des Invalides.

Là, d'autres scènes non moins majestueuses les attendaient. Le roi, la reine, les princes, les jeunes princesses, tous vêtus de deuil, étaient venus aussi réclamer après le peuple l'honneur de saluer les restes de ces nobles martyrs de nos fureurs politiques, et de fléchir le genou pour prier auprès de l'immense mausolée. Le roi lui-même conduisit le deuil de ses compagnons de péril, de ces mêmes citoyens qu'il avait vu moissonner autour de lui et pour lui; il vint les recevoir et les diriger vers ce vieux temple consacré par la gloire militaire et la religion, qui jamais n'avait vu à la fois tant de glorieuses dépouilles entrer sous ces portiques, et s'était revêtu de toute sa magnificence pour célébrer une solennité aussi imposante et aussi nouvelle. Tous les cercueils, portés à bras, passèrent à travers l'église devant la famille royale, qui, oppressée de toutes ces représentations lugubres, ne put maîtriser ses émotions, et mêla ses larmes aux larmes de ces quatorze familles qui toutes pleuraient un père, un fils, une mère, un frère, etc., etc. Ce fut alors que la majesté du trône s'inclina tout entière devant ces grands et terribles enseignemens de la Providence qu'elle était venue chercher dans ce sanctuaire de prières et de deuil; c'est alors que la nature vint rappeler au cœur d'un roi qu'il peut retrouver parfois dans la commune douleur les jouissances de l'égalité.

C'est dans ce moment suprême, au milieu des dernières solennités de la religion, au retentissement sourd des décharges d'artillerie qui ébranlaient ces voûtes guerrières, que le monarque, bénissant depuis la jeune fille jusqu'aux vieilles illustrations militaires, adressa à leurs mânes les hommages de son éternelle reconnaissance royale et ses nobles adieux.

Tout fut majestueux, imposant, admirable, dans cette journée que l'histoire inscrira parmi les plus mémorables journées de la France. Le roi a rivalisé de grandeur avec la grandeur du sentiment public. Quelle dignité dans cette cérémonie où la royauté, la religion et la gloire s'étaient associées à ce deuil immense; quelle intelligente convenance! quel recueillement respectueux! quel silence instinctif et profond dans les flots pressés du peuple, dans les rangs des soldats, en présence de cette pompe si extraordinaire!

Parmi cette population de plus de huit cent mille personnes de tout âge, de toutes les classes, entassées sur tout le chemin du cortége, et dans les rangs de soixante mille soldats, on n'entendit partout que le roulement lent et lugubre des chars et le pas mesuré des légions! Oh! dans ce jour de deuil universel, il pouvait peut-être se trouver çà et là quelques ennemis du roi; quel homme aurait eu l'ignoble courage de trouver une parole d'ironie, une calomnieuse et outrageante réflexion contre un tel souverain, qui nulle part ne se montra plus roi et plus digne du respect et de l'admiration des Français qu'à l'instant où il sortit, tout éploré, de cette nef auguste et silencieuse qu'il traversa la tête nue, au milieu de ces deux haies de nos vieux débris de notre gloire militaire?

L'auteur de tant de catastrophes, de tant de terreurs qui venaient d'agiter toute la France, avait été reconnu au moment de son arrestation; caché d'abord sous le nom de Gérard, son véritable nom fut bientôt révélé : il s'appelait Fieschi, il était né en Corse; dès l'âge de quatorze ans il était au service de Naples, il y gagna la croix sous le prince Joachim; en 1816, il fut condamné en France, pour vol, à dix ans de réclusion et à la surveillance de la haute police pendant toute sa vie. Il subit sa peine dans les prisons d'Embrun, où il contracta des liaisons avec une femme Petit, condamnée à cinq ans de travaux forcés pour banqueroute frauduleuse; ces relations avaient cessé à Paris; mais une fille de cette femme, âgée de dix-sept ans, Nina Lassave, avait auprès de Fieschi succédé aux fonctions de sa mère. Ces deux femmes, qui avaient disparu depuis l'attentat, furent arrêtées six jours après; la dernière fut saisie chez un sieur Morey, bourrelier, rue Saint-Victor, qui fut également arrêté.

Fieschi avait été nommé gardien de la rivière de la Bièvre, au moulin de Croullebarbe; mais son inconduite et ses dettes lui avaient fait perdre cet emploi long-temps avant le 28 juillet. Il était sans ressources; des propos infâmes contre le roi avaient été tenus en sa présence, des vœux horribles et sanguinaires avaient été manifestés; on avait dit devant lui : *Quoi! il y a tant de gens qui se feraient condamner pour un billet de mille francs, et on ne trouvera pas un homme qui nous délivrera d'un monstre tel que celui qui nous gouverne.* Et cet homme s'était rencontré à ce monstrueux appel! Qui avait proféré ces exécrables paroles? un ex-officier de la garde nationale, déjà condamné à mort en 1832 par un conseil de guerre, pour avoir tiré sur ses camarades d'armes, et acquitté depuis par la Cour d'assises, Pépin, qui, caché depuis le jour de l'attentat dans une campagne environnée de bois, fut saisi par des agens de la police déguisés en chasseurs. Un quatrième associé subalterne à ce grand œuvre d'atrocité, Boireau, garçon ferblantier, furent les quatre têtes sur qui la justice dirigea particulièrement toutes ses charges et ses instructions.

De quoi dépendent d'immenses et de terribles événemens qui plongent un peuple tout entier dans l'épouvante et la consternation? Souvent d'une étincelle! d'un atome! De quoi dépendit le salut du roi, de sa famille et de près de deux cent cinquante personnes encore, d'après l'évaluation de l'expertise? Qui a demandé à cette machine si meurtrière comelle avait manquées, combien elle aurait été capable d'en détruire? De deux ou trois grains de poudre que les premières explosions avaient éloignés de la lumière des autres canons, et dont la chute avait interrompu cette infernale traînée. De quoi dépendit-il qu'aucun de ces malheurs n'arrivât et ne fût détourné à temps? D'une circonstance des plus légères, quoique des plus fatales.

Boireau, qui, républicain exalté, avait pris dans les préparatifs de l'attentat une part très-active, qui avait aidé à percer les lumières des canons de fusil neufs, qui avait fait fabriquer la barre de fer destinée à maintenir les culasses et à recevoir la traînée de poudre; qui, le 27 au soir, était monté à cheval pour mettre Fieschi à même de pointer la machine à la hauteur de la poitrine d'un cavalier; Boireau bien assuré que tout était en mesure pour le lendemain, rentra dans les ateliers de son maître, et prévint un nommé Suireau, commis dans la même maison, de ne point aller à la revue le lendemain, parce qu'il devait y avoir une machine infernale sur le passage de Louis-Philippe, près le théâtre de l'Ambigu-Comique; le jeune Suireau se hâta de courir chez son père lui communiquer la même recommandation; mais, fatale circonstance! peu de minutes auparavant, M. Suireau père venait de s'absenter; une jeune personne de boutique reçut cette confidence; il était neuf heures alors; elle ne la lui transmet qu'à dix heures du soir, à l'instant de sa rentrée. M. Suireau père court aussitôt prévenir le commissaire de police Dyonnet, absent de même! Il était à l'Opéra, où il assistait à une représentation des *Puritains*. M. Suireau parvient enfin jusqu'à lui; il était onze heures du soir, et M. Suireau ne savait ni le nom, ni l'adresse du premier révélateur, qui ne put être arrêté qu'après l'attentat! Trois minutes plus tôt, huit heures de silence et d'inertie n'auraient pas été perdues inutilement; tout aurait été déjoué, et tous les complices arrêtés dans la soirée du 27!

Plein d'extravagance et de vanité, doué d'une force de corps extraordinaire, d'une intrépidité que rien ne pouvait ébranler, avec cette nature étrange dont toute l'énergie et la rudesse étaient tournées vers le crime, Fieschi était l'homme unique dont le démon des conspirations pût disposer pour l'accomplissement d'un forfait si grand et si périlleux; aussi Morey se l'était-il attaché pour cette mission d'effroi, comme un serviteur dévoué autant que féroce, sur la résolution de qui ni la crainte des plus cruelles blessures, ni la perspective de trop de carnage, ne pouvaient apporter la moindre hésitation; comme un léopard qu'on nourrit, qu'on flatte, dont on utilise l'instinct carnassier, et que l'on peut lancer à coup sûr, à travers les précipices les plus horribles, sur le daim, le chamois, la génisse, la gazelle et le cerf. Fieschi avait jadis inventé sa machine dévastatrice; il en avait montré le plan à Morey; tout à coup le front de ce taciturne conspirateur s'était épanoui de joie et de plaisir, il avait serré dans ses bras Fieschi comme l'homme digne, et l'avait tout de suite présenté à Pépin, troisième partition directe du complot, et qui seul en a rendu la réalisation possible en se chargeant de toutes les dépenses et en facilitant tous les moyens d'exécution; c'est lui qui, frémissant devant l'idée de prêter sa poitrine comme point de mire pour le pointage des canons, fait prendre à Boireau un de ses chevaux, et l'envoie à sa place passer au petit pas devant la fenêtre de Fieschi.

Un cinquième conspirateur était encore nécessaire, il était le corollaire obligé de l'attentat. L'auteur principal, il fallait le faire disparaître, l'anéantir, il y allait de l'intérêt de tous ses complices. Morey avait dit à Fieschi : *Aussitôt après le feu mis à la machine, voilà un pistolet, charge-le bien fort, et tu t'en brûleras la cervelle.* Fieschi adopta d'abord cette proposition de forcené, puis se détermina pour la fuite; cette fuite il fallait la protéger; Fieschi n'avait ni livret, ni passeport. A qui demander une protection si périlleuse? A qui? Dans un moment où la rage des factieux venait de s'irriter encore davantage par un dernier échec, et où les sociétés incendiaires qu'elle avait enfantées venaient d'être frappées d'une complète dissolution, il était peu difficile, lorsqu'il ne s'agissait plus du rôle principal dans ce vaste forfait, de rencontrer parmi leurs débris un de ces constans ennemis du pays prêt à sourire à l'ouverture d'une pareille scélératesse, et jaloux d'apporter au complot une coopération] tutélaire. Il s'agissait d'assurer à Fieschi l'impunité, et le salut à tous. Bescher, inculpé d'avril, ex-chef de la section *Marat*, de la société des Droits de l'homme, se fait délivrer un livret et un passeport pour Auxerre, et les remet à la disposition de Morey. Les deux témoins qui accompagnent Bescher devant l'officier public pour la délivrance du passeport sont Vayron, ex-chef de la section des *Gueux*, et Morey.

Fieschi, Morey, Pépin, Boireau et Bescher comparurent devant la Cour des Pairs à raison de cette affaire, dont les débats durèrent quatorze audiences.

Voici la peinture que les journaux ont donnée de Fieschi :

« Joseph Fieschi est un petit homme aux cheveux et » sourcils châtains, menton et visage ronds; ses yeux bruns, » au regard fauve, sont profondément enfoncés dans leur » orbite; sa figure est sillonnée de deux larges cicatrices; » l'une, placée sur le sourcil gauche, a produit sur cet œil » un abaissement considérable des chairs; l'autre, placée » au côté droit du menton, à l'angle de la bouche, y a » opéré une contraction qui donne à cette physionomie, déjà » si étrange par elle-même, quelque chose de plus étrange » encore. Son front, large et découvert, est parsemé de » quelques cheveux fort courts du reste, et dont quelques-uns commencent à blanchir; vers la région de la » tempe gauche se trouve une troisième cicatrice non moins » profonde que les deux autres. Quant à sa contenance, » elle est tout à la fois moqueuse et hardie, et d'un laisser,

» aller qui va jusqu'à l'impudence; en effet, à son arrivée
» dans la salle, il frappe fort cavalièrement dans la main de
» ses défenseurs, MMes Parquin et Chaix-d'Est-Ange, qui
» paraissent peu flattés d'une aussi touchante politesse. »

Fieschi conserva pendant tout le cours de son procès cet imperturbable aplomb qui faisait mal à voir, cette jactance grossière et railleuse qui semblait demander des éloges et vouloir ériger le crime en mérite, au détriment de la vertu et des plus douces affections naturelles du cœur humain. Plusieurs fois il a excité dans tout l'auditoire un frisson glacial par le sang-froid dégagé avec lequel il racontait les plus horribles détails de ses préparatifs; la manière dont il avait pointé et disposé ses canons pour plonger sur une étendue plus profonde et étendre plus de monde par terre; la manière dont il avait bourré à coups de bûche les balles pour quelles sortissent en lingot et qu'elles fissent des blessures plus meurtrières, plus incurables; la manière dont il avait brisé des clous et les avait introduits par dessus les balles dans certains canons ayant jusqu'à quatre charges, ne trouvant pas encore les balles assez nombreuses pour éparpiller à son gré le carnage dans lequel il fallait envelopper tout à la fois le roi et sa famille, et tous les chefs civils et militaires du gouvernement réunis dans l'état-major.

Nina Lassave, sa maîtresse favorite, assistait, élégamment vêtue, à presque toutes les audiences de son procès, placée en face de lui dans une des tribunes publiques, où Fieschi, promenant sur l'assemblée son regard de fouine, adressait de temps en temps à cette fille un salut, et échangeait avec elle son sourire grimaçant, avec des gestes si grotesquement gracieux. Les dépositions de cette fille excitèrent singulièrement la curiosité de l'auditoire, surtout dans les faits qui se rapprochaient des derniers jours avant l'attentat; elle avait sollicité Fieschi de la conduire à la fête avec une de ses amies; elle n'avait rencontré qu'un visage sombre et un refus formel; elle avait insisté plusieurs fois le lendemain encore ; le lendemain les traits de Fieschi étaient encore plus farouches, plus décomposés, le refus plus décisif; il lui défendit même la porte de cette chambre où il la recevait si souvent. Bizarre effet dans une pareille circonstance quelle ne prévoyait pas! elle en avait conçu une jalousie profonde; elle s'imagina que Fieschi se réservait d'y conduire une autre maîtresse, et la crainte d'être abandonnée pour une rivale l'avait attachée opiniâtrément à ses pas, au point qu'elle était presque sur le théâtre du crime à l'instant où il se commit.

Fieschi, Morey et Pépin furent condamnés à la peine de mort, Boireau à vingt ans de détention, Bescher fut acquitté.

Après l'exécution des trois condamnés à mort, un limonadier de la place de la Bourse conçut un projet de la plus inconvenante et de la plus ridicule exploitation; il offrit à Nina une somme de 20,000 francs, et la place de demoiselle de comptoir dans son café, espérant d'attacher la curiosité parisienne et de retirer de la publicité de cette fille un lucre considérable. Mais de continuels affronts que cette malheureuse essuya, le jet de plusieurs tasses de café qui lui furent lancées à la figure, la crainte de désordres plus grands de la part du public, dont sa vue inspirait l'indignation et le dégoût, la firent disparaître au bout de peu de jours.

RÉSUMÉ DU PROCÈS D'ALIBAUD.

(*Auguste Bonjour.*)

Le coup le plus froidement audacieux que, de mémoire de peuple, le délire du fanatisme ait conçu, a été frappé naguère; il a jeté la stupeur dans tous les esprits. Celui qui l'a porté a reçu la mort aussi froidement qu'il avait tenté de la donner.

Il s'est applaudi de son supplice comme de son attentat.

On lui faisait entrevoir l'espérance de la vie au moins

sauve dans un appel à la clémence de ses juges, il l'a rejetée comme une honte.

On lui eût laissé la vie, il l'eût endurée comme un châtiment.

Il n'a donné aucun signe de démence, il avait une pensée enracinée dans son cerveau.

Il y a dans l'opiniâtre inflexibilité de cet homme, quelque chose de sinistre et d'indéfinissable qui fait frissonner.

La Providence, qui a tout fait pour Louis-Philippe, a détourné de sa poitrine le plomb meurtrier lancé par la main d'Alibeau. Que la Providence soit fidèle au prédestiné de ses œuvres, et qu'elle le protége contre les projets de semblables fanatiques, si par malheur il en existait encore (1)!

Des débats criminels tels que ceux qui se sont agités devant la Cour des Pairs, quelle que soit la rapidité avec laquelle ce procès ait été instruit et terminé, quel que devait être le pressentiment de leur violence, devaient nécessairement laisser de vives impressions et des souvenirs bien profonds dans l'esprit d'un avocat appelé seulement à remplir le vœu de la loi, et à disputer à l'échafaud la tête de cet homme qui n'avait compté que sur la mort, et ne voulait point y échapper; de cet homme plutôt qui, dans la combinaison de ses projets, n'avait envisagé la mort, que comme le plus indifférent des incidens de son drame, le moindre des écueils qu'il aurait à rencontrer, et ne s'était point arrêté à ce futile accessoire.

Point d'excuse pour lui, il n'en voulut point dans le cours de son procès ; doux et poli dans ses entretiens, mais d'une insurmontable opiniâtreté, il demandait, non que l'on défendît sa tête, mais que l'on expliquât et que l'on justifiât son crime. Son crime était sa méditation favorite, son incubation de quatre années, son grand œuvre de prédilection, il y avait voué sa tête; il ne voulait pas que, selon lui, on le décolorât;

(1) Ecrit en juillet 1835.

il répudiait dédaigneusement le secours de ces déguisemens oratoires qui séparent le prévenu de ses actions, les cachent et les effacent derrière lui, pour laisser arriver jusqu'à l'homme tout l'intérêt dont l'art de la parole emprunte la puissance à la nature. Lui, ce n'était point de sa personne qu'il demandait que l'on parlât, mais uniquement de l'attentat qu'il avait eu la témérité d'accomplir, et qui, tel qu'il l'avait prévu, l'amenait devant la grande justice de la nation. L'insensé ! il se complaisait à entendre les récits de son crime; à chaque déposition, à chaque passage qui rappelait à sa vanité quelques circonstances de son crime, son front s'épanouissait comme délicieusement enivré d'un funèbre encens.

Les horreurs de la prison, ce long et fiévreux tête à tête avec l'expiation qui commence, l'insomnie aux apparitions sinistres et menaçantes, rien n'avait énervé la trempe invulnérable de son caractère, rien ne l'avait fait fléchir de ce rôle de raideur auquel son moral s'était endurci.

Sur les murs du cachot, tablettes toujours ouvertes, où chaque détenu incruste quelques fragmens de son histoire ou quelques cyniques railleries qui désennuieront la captivité de ses successeurs; Alibeau, parmi ces sentences tragiques, ces emblèmes de mort, ces hiéroglyphes dont le crime seul possède le secret, cette lugubre chronologie de noms, de sobriquets bizarres, de dates et de chiffres, aperçoit le nom de Fieschi, se prend à sourire, et dit : Comme cet homme-là était devenu bête! Cependant lui et moi nous passerons à la postérité; mais vous verrez que je me conduirai autrement que lui ; car c'était un grand bavard, et il s'imaginait faire beaucoup d'effet avec ses paroles ampoulées et ses simagrées.

Oh! qu'il y avait quelque chose qui faisait douleur, quelque chose qui glaçait les entrailles et eût fait tomber une faible femme en défaillance, d'entendre cet homme de vingt-cinq ans, riche de sève, de jeunesse et d'énergie, cet homme dont la vie si forte et si pleine allait être tranchée le lendemain au lever du jour, et qu'un seul signe de regret, un seul de ces repentirs demandés, provoqués par les organes de la justice, eût pu conserver, de l'entendre traiter familièrement avec ses conseils sa propre question de mort avec plus d'insouciance qu'un moissonneur la perte d'une gerbe, d'un épi ou d'un grain de blé qui tombe sur la route !

Moi qui, pour la première fois, mettais le doigt sur une plaie mortelle, moi dont la main touchait pour la première fois à ce fil si lourd et si sacré de la vie d'un de mes semblable, quel effroi ne dus-je pas ressentir, non plus du fardeau terrible dont j'allais partager le poids; mais de tant d'indifférence et d'impassibilité devant cette brutale image de la mort, qui eût plutôt reculé devant tant de jeunesse qu'il n'eût reculé devant elle ! Je me préparais à le défendre contre ses juges, et c'était lui qui me défendait contre ma stupeur et mon étonnement.

Parler avec lui, c'était s'entretenir avec un homme instruit de son dernier moment, qui a mesuré son cercueil, s'y est enseveli, et ne veut plus en bouger. Il me disait : *Laissez-moi mourir, c'est l'échafaud seul qui me va.* Il y avait une espérance, une perspective féconde, un intérêt dans cette obstination sépulcrale ; c'est le comble du fanatisme, c'est le fanatisme avec tous ses calculs et dans tous ses égaremens, c'est le fanatisme personnifié qui a surpassé ses modèles et qui rêve des imitateurs et des survivanciers.

Le samedi 25 juin, le roi, qui dans la journée était venu à Paris, quittait les Tuileries vers six heures un quart pour retourner à Neuilly avec la reine et S. A. R. Madame Adélaïde, qui étaient placées dans le fond de la voiture ; le roi était vis-à-vis de la reine. Les six premiers chevaux se trouvaient déjà engagés sous le guichet, lorsqu'un homme vêtu d'une redingote brune, qui s'était glissé derrière quelques personnes placées près des soldats, appuya sur la portière une arme à feu qu'il dirigea sur la personne du roi; tout-à-coup une explosion semblable à celle d'un petit pistolet de poche se fit entendre et remplit la voiture de fumée, la balle s'enfonça dans le panneau de la voiture, un peu au-dessous de l'impériale. Le roi, après s'être informé si personne n'avait été blessé, s'est montré à la portière, a fait signe de la main qu'il n'avait pas été atteint, et donna ordre de continuer la route; une partie de la bourre était restée dans ses cheveux.

L'assassin fut immédiatement arrêté; il n'était éloigné de la voiture que de cinq pieds; il fut saisi tenant encore son arme; c'était un fusil-canne, arme prohibée et d'une invention récente, qui consiste en un canon de fusil placé dans une canne ordinaire; le coup part au moyen de la percussion qui est reçue par une cheminée placée derrière la culasse, et qui lui est transmise par un ressort à boudin mis au bandé en tirant le cordon de la canne; la détente est cachée dans le bois et saillit par la pression du doigt.

L'assassin fut parfaitement reconnu par plusieurs personnes; son nom était Louis Alibaud. C'était un jeune homme de 25 ans, mince de corps, d'une physionomie pâle, portant de longs cheveux noirs et des favoris qui se rejoignaient en collier sous le menton; son accent était fortement méridional. Conduit immédiatement au poste du drapeau, il ne fit aucune résistance, et montra au milieu de l'agitation générale une impassibilité extraordinaire et une froideur bien inconcevable dans un jeune homme de son âge. On l'a fouillé sur-le-champ; on a trouvé sous sa redingote, au côté droit, un couteau-poignard dont il devait se servir pour se frapper, deux pipes de terre blanche dans une de ses poches, et 23 sous dans l'autre.

Une demi-heure avant la sortie du roi, Alibaud s'était approché d'un chasseur de la 2e légion, compagnie Chaper, et il s'était mis à causer avec lui de chóses indifférentes, en disant qu'il attendait quelqu'un à qui il avait donné rendez-vous, et qu'il était impatient de voir paraître. Il jetait de temps en temps les yeux du côté du guichet qui conduit au Pont-Royal, et quelquefois, comme par hasard, sur la grande porte de sortie du château, avec l'apparence d'une grande tranquillité.

Aussitôt que le poste a été appelé aux armes pour rendre les honneurs au roi, qui allait monter en voiture, Alibaud est allé se poser au tournant du guichet, près de la borne doublée de fer qui touche au poste du drapeau. Quelques curieux étaient, sur la même ligne, en très-petit nombre. Quand la voiture, qui était obligée de ralentir le pas, a passé sous la voûte du guichet, on a vu un jeune homme poser son chapeau sur la borne à gauche. Ce mouvement a attiré l'attention du sergent qui commandait le poste en l'absence des officiers, qui étaient tous à dîner aux Tuileries, à la table de service ; ce sergent, de la 2e légion, était M. Devismes, armurier. Il s'est aperçu que l'individu qui venait de déposer son chapeau plaçait une canne entre ses genoux, et qu'il en tirait vivement le ressort de bas en haut. A l'instant, ce sergent s'est précipité vers l'assassin, mais il est arrivé trop tard, le coup partait.

M. Devisme l'a reconnu à l'instant même. « Malheureux, lui a-t-il dit, c'était donc pour cet abominable dessein que vous avez voulu m'acheter l'arme dont vous vous êtes servi, et que vous m'avez volée ? C'est une bien grande infamie pour un homme de votre âge. » — « Avisez-vous de ce qui » vous regarde, lui a dit l'assassin ; je me soucie fort peu » de votre morale, parlons d'autre chose ; tenez, comment » se porte madame votre épouse ? » — « Vous êtes un monstre, lui a dit le sergent. » L'assassin a haussé les épaules et n'a plus rien dit.

Le garde national avec qui l'assassin avait causé une demi-heure avant la sortie du roi, est venu le voir. « Comment ! c'est vous avec qui je me suis entretenu tout-à-l'heure, qui avez commis ce crime affreux ? vous qui étiez si calme en me parlant. Quelle horrible dissimulation! »—« N'est-ce » pas, a répondu l'assassin d'un air de triomphe, que j'é- » tais fort calme et pas du tout ému, M. le chasseur? Il y » a long-temps que j'étais décidé. » En ce moment un militaire lui a porté quelques coups; le chasseur a voulu arrêter cet emportement inutile. Le prisonnier lui a dit : « Vous, vous êtes un brave. On ne me comprendra pas; » on ne croit pas au dévoûment des convictions profondes, » dans ce siècle d'égoïsme et de vénalité. »

Les autorités supérieures de la capitale sont arrivées à la hâte ; MM. le maréchal de Lobau, le comte de Rambuteau, Gisquet, de Castres, gouverneur des Tuileries; Athalin, aide-de-camp du roi; le général Gourgaud. Alibaud gardait toujours la même impassibilité. M. Athalin a insisté pour qu'il donnât son nom et pour qu'il témoignât quelque repentir de son horrible attentat...... Il a vivement répliqué « qu'il n'avait qu'un repentir, c'était d'avoir manqué son » coup; qu'il avait des convictions profondes que personne » ne pouvait juger; qu'il recommencerait encore son coup » s'il le pouvait; qu'il avait joué sa vie contre celle du roi; » et qu'au lieu des brutalités dont il était l'objet (et que du » reste il comprenait dans les serviteurs du roi), on aurait » mieux fait de lui rendre le service de le tuer; qu'il n'avait » pas eu le temps, à son grand regret, de se servir de son » poignard contre lui-même. Il ajoutait qu'il croyait qu'on » avait un peu détourné le canon de sa canne; que, sans cela, » il était assez de sang-froid pour avoir bien visé et bien » assuré son coup. » Ces paroles, froidement articulées, ont jeté l'épouvante dans tous ceux qui les entendaient; on ne pouvait croire à une si aveugle détermination de fanatisme. Il répétait toujours : « Vous voyez que je ne tremble » pas et que je ne suis pas ému. »

Lorsqu'on lui demandait son nom, il répondait : « Qu'est- » il besoin de le savoir, puisque vous savez mon crime. » — » Avez-vous des complices? Il est impossible que vous n'en ayez pas, disait M. Athalin. » — « Le chef de cette conspira- » tion, c'est ma tête, et les membres, ce sont mes bras. »

Dans un premier interrogatoire, M. le président Pasquier ayant reproché à Alibaud son crime et sa lâcheté, il a répondu : « M. le président, voyez-vous, vous dites cela, mais vous avez tort, vous n'êtes pas en état de me juger ; si c'était vous qui eussiez commis l'attentat, vous auriez eu tort, parce que vous avez tout ce qu'il vous faut : vous êtes bien nourri, bien chauffé, magnifiquement logé ; vous avez un bel hôtel, bonne chère, un bel équipage, et vous n'auriez eu qu'à perdre en faisant ce que j'ai fait. Mais qu'avais-je à perdre ? J'ai commis une action généreuse pour ma patrie, et je n'accorde à personne qui n'a ou n'eût pas osé ce que j'ai osé faire, de me taxer de lâcheté. »

Alibaud a dit à M. le président de la chambre des pairs : « Je m'occupe déjà de vous depuis deux mois ; car je présumais d'avance que je tomberais entre vos mains dans le cas où je ne pourrais me suicider aussitôt après l'événement. Ce projet de suicide n'était pas, au reste, bien arrêté dans mon esprit, même quand j'en aurais eu le temps ; j'en subordonnais l'exécution aux chances de l'événement. »

Dans un autre interrogatoire, revenu sur cette idée, Alibaud a dit qu'il ne s'était muni d'un poignard que pour rester maître de se suicider s'il le jugeait convenable. Il a alors établi un parallèle nouveau entre Fieschi et lui, et a prétendu avoir montré plus de courage que son devancier : « Fieschi, a-t-il ajouté, avait tout préparé pour son évasion : moi, je suis resté ferme au poste que je m'étais assigné. »

Moniteur à l'école régimentaire, Alibaud avait été nommé fourrier de la compagnie de carabiniers ; mais une rixe dans laquelle il blessa un citoyen l'ayant fait renvoyer avec le même grade dans une compagnie du centre, il parvint à se faire réformer, et quitta le service le 17 janvier 1834.

Une continuelle inquiétude d'esprit et une inconstance de caractère sans égale se faisaient remarquer dans les projets et la conduite d'Alibaud; il adoptait et abandonnait peu de temps après divers partis, diverses conditions, et plusieurs emplois successifs, sans prévoir comment il pourrait les remplacer pour vivre.

En 1834, rentré chez son père, aubergiste à Narbonne, il fut mis en relations avec quelques employés de l'administration du télégraphe qui logeaient dans cette auberge; par leur médiation, il fut occupé dans cette administration; il la quitta au bout de trois mois, n'y trouvant pas un assez rapide avancement; il demanda à être reçu dans un établissement destiné à former des moniteurs dans les départemens, puis dans un institut agricole, et ne put être reçu ni dans l'un ni dans l'autre; la vie alors lui devint importune; il médita plusieurs fois de mettre fin à ses jours, et ne fut retenu que par une autre pensée, dit-il, qui l'aida à supporter la vie jusqu'au moment où il pourrait l'accomplir: celle de rendre un grand service à son pays, et d'utiliser sa mort dans l'intérêt des peuples; il ne voulait trouver à gagner du pain que pour soutenir jusque là son existence au jour le jour.

Cependant il rentra chez ses parens, qui vinrent se fixer à Perpignan, et ajourna ses projets contre le roi. « J'espérais, dit-il, un mouvement révolutionnaire; je ne pouvais me persuader que le peuple supporterait toujours le gouvernement de Louis-Philippe; je me berçais de ces pensées, et en attendant je me disais que je pourrais donner du pain à mes parens. »

A cette époque, la Catalogne était agitée par ces troubles précurseurs d'un grand mouvement révolutionnaire; les réfugiés italiens et polonais y accouraient de toutes parts; ils allaient tenter de s'emparer du pouvoir, de déposer la reine d'Espagne, et de proclamer la république. Ces discours, ces manifestations d'espérances révolutionnaires étaient répétés par des étrangers qui traversaient Perpignan en grande hâte, et logeaient en passant chez Alibaud père. En fallait-il davantage pour exalter au dernier degré l'âme d'Alibaud, toute brûlante de républicanisme et de projets régicides contre les souverains? Le grade d'aide-de-camp d'un grand général, chargé, disait-on, de l'entreprise, lui fut promis; il partit pour Barcelone, où la fréquentation de tous ces étrangers, qui ne parlaient que de proclamations, de déchéances royales, de conspirations, de renversemens de trônes, achevèrent d'affermir dans l'esprit d'Alibaud sa détermination d'assassiner le roi de son pays.

La nomination du général Mina ayant déjoué toutes les tentatives de révolution, Alibaud, dégoûté de n'avoir obtenu aucun service dans les troupes espagnoles, revint à Perpignan le 20 octobre 1835, et se décida à venir à Paris pour choisir une occasion d'accomplir son dessein.

Rentré en France, il ne passa que quinze jours à Perpignan, partit pour Paris avec 250 francs, et s'arrêta deux ou trois jours à Bordeaux. Il acheta à Châtellerault, pour la somme de 5 francs, le couteau-poignard qui fut saisi sur lui au moment de l'attentat. Il arriva à Paris le 17 novembre, n'ayant plus sur lui que 80 ou 90 francs. Il vint habiter l'hôtel garni rue de Valois-Batave, n. 5. Il prenait sa nourriture chez le portier, et voyait fort peu de monde. Il lisait avec avidité les journaux pour connaître les habitudes de sortie du roi. Dans la première quinzaine de décembre, il découvrit dans un journal qu'un sieur Devisme, armurier, était inventenr et fabricant de *fusils-canne*; il se présenta chez lui comme commis-voyageur d'une maison de commerce du Midi, et obtint qu'on lui confiât une caisse composée de quatre fusils-canne, d'une cravache-pistolet, et de deux cents cartouches, dont vingt à balles; plus tard, M. Devisme étant venu réclamer ces objets, Alibaud renvoya la boite dans laquelle manquait une canne-fusil, qu'il prétendit lui avoir été volée dans un café. Mais six semaines déjà étaient expirées, et il n'avait pu trouver encore l'occasion de tirer sur le roi, et ses ressources étaient épuisées.

Il résolut d'attenter à ses jours, et de s'asphyxier; il colla du papier à ses fenêtres, et commanda au portier de lui acheter dix livres de charbon; mais le portier, devinant son dessein, refusa de les lui fournir.

Pendant deux mois qu'Alibaud resta rue de Valois-Batave, il ne se livra à d'autre occupation qu'à épier les momens de sortie du roi et qu'à le suivre; il l'attendait des soirées entières à la porte de l'Opéra, dans les environs des Tuileries, sous les galeries et dans le jardin des Tuileries; à tout instant, préoccupé de son crime, toujours sa canne chargée à la main, il cherchait à l'ajuster en s'approchant le plus près qu'il pouvait de la voiture.

Au milieu de février, Alibaud fut placé quinze jours dans le magasin des demoiselles Duperty, comme commis teneur de livres, puis comme garçon chez un sieur Batiza, marchand de vins. Interrogé sur l'emploi de son temps dans cette maison : « J'étais, a-t-il répondu, occupé dès le ma» tin jusqu'à neuf heures du soir; je sortais seulement à » cette heure pour aller lire les journaux; mon travail ne » me permettait pas de suivre le roi, ce qui contribua à me » dégoûter de cette maison. J'eus une légère altercation » avec mon patron, et je le quittai. Je n'en étais pas fâché, » sous un rapport : le beau temps approchait, je pensai que » le roi sortirait plus souvent; je désirais trouver un em» ploi dans lequel je serais plus libre, afin de pouvoir le » suivre. J'avais renoncé à l'idée de tirer sur le roi lorsqu'il » serait en voiture, ayant remarqué que les stores étaient » souvent baissés, et qu'il y avait presque toujours des dames » avec lui. Je formai alors le dessein de tirer sur le roi lors» qu'il se promènerait dans le petit jardin particulier qui » lui est destiné en avant des Tuileries : Je n'ai jamais pu » l'y voir. J'ajoute que j'ai surveillé plus particulièrement » le roi depuis le départ des princes. »

En sortant de chez Batiza il alla loger, dès le 25 mai, dans un hôtel rue des Marais-Saint-Germain, n. 3, et paya 5 fr.

pour sa première quinzaine ; il annonçait la plus profonde misère. Il sortait tous les jours avant midi, et ne rentrait que vers onze heures.

Alibaud, interrogé sur l'emploi de son temps dans le dernier mois, déclare qu'il sortait après son déjeûner, lorsqu'il savait que le roi devait venir à Paris, et qu'il allait le plus souvent l'attendre aux Tuileries. Il dînait chez le sieur Dubois, qui tenait une pension bourgeoise rue Furstemberg, et passait une grande partie de son temps dans le café-estaminet allemand, rue du Colombier, n. 4. Il rentrait toujours entre onze heures et minuit. Alibaud était alors tombé dans le plus complet dénuement. Pour obtenir quelque crédit dans la pension où il prenait ses repas et dans le café qu'il fréquentait, il avait eu recours à des mensonges : il se disait employé dans une maison de commerce où il ne devait toucher ses premiers appointemens qu'à la fin du mois.

Il est resté environ vingt jours sans avoir un sou en sa possession. Un des faits les plus remarquables dans cette position, et qui prouve combien en lui étaient fortement enracinés le projet d'assassiner le roi, l'insouciance complète de la vie, et l'éloignement de toute autre occupation qui eût pu soutenir son existence aux dépens de ses régicides démarches, c'est que, plongé dans la dernière détresse, pressé de payer le terme qu'il devait dans son hôtel, mais voyant s'approcher l'époque des sorties plus fréquentes du roi, où il trouverait infailliblement l'occasion d'accomplir son projet, il refusa quelques jours avant l'attentat un emploi dans une administration qui lui fut proposé par un nommé Charles Botrel, ex-sous-officier, un de ses confrères d'armes. Interrogé par M. le président sur le motif de ce refus, qui causa tant de surprise à Botrel et à tous ceux qui connurent cette circonstance, il répondit : *Il ne me fallait du pain que pour vivre jusqu'au moment où j'aurais tué le roi.* Il y a dans cette réponse d'un jeune homme de vingt-cinq ans, plein de force et de capacité, quelque chose d'indéfinissable et d'infernal, qui fait frissonner d'effroi, surtout quand on réfléchit que tout dans ses réponses, dans la suite de ses actions, dans l'ordre de ses idées, annonçait une intelligence pleine, libre et entière, toujours maîtresse d'elle-même, mais qui s'était dépravée et pervertie par la continuelle rumination de son crime dont elle avait conçu le plan, mesuré toute l'étendue, sur les moyens duquel elle s'était appesantie sans relâche, et qu'elle s'était froidement et irrévocablement déterminée à accomplir.

Enfin, le jour de l'attentat, pressé par la faim et le manque de tabac à fumer, il vendit pour trente sous un dictionnaire de poche espagnol pour satisfaire à ces deux besoins, pour lui aussi impérieux l'un que l'autre. Les vingt-trois sous trouvés sur lui provenaient de cette vente; il n'avait, pour se satisfaire, dépensé que sept sous! Telle était au moment de l'attentat la déplorable situation dont il refusait de sortir!

Dans son interrogatoire du 30 juin, Alibaud rend un compte détaillé de l'emploi de son temps le 25, jour de l'attentat. Je reproduis ici ses propres paroles.

« Je me suis levé vers dix heures. Je suis allé d'abord » au café Félix lire le journal; je ne me rappelle pas quel » journal j'ai lu; mais je ne me suis arrêté, comme de cou- » tume, qu'à l'article sur le roi et les princes. Je suis allé » de là déjeûner à ma pension; et, après le déjeûner, j'ai » été chez moi prendre ma canne. J'ai suivi la rue des Ma- » rais; entré dans la rue des Petits-Augustins, je tournai à » gauche et suivis la rue Jacob et celle de l'Université jus- » qu'à la rue du Bac.

» Dans cette rue, j'entrai chez un épicier, qui est le der- » nier à gauche en montant au pont Royal. Voyant qu'il » n'était que onze heures un quart, et présumant que le roi ne » viendrait qu'à midi, selon son habitude, je suivis le quai » des Tuileries et entrai dans les Champs-Elysées.

» Voyant des sergens de ville à l'entrée et dans l'avenue

» des Champs-Elysées, j'acquis la certitude que le roi n'é» tait pas arrivé; je l'attendis.

» Apercevant le roi dans l'avenue, je revins me poster à » l'entrée des Champs-Elysées, à côté des constructions » nouvelles à droite en allant aux Tuileries.

» Pour ne pas éveiller de soupçons, je liai conversation » avec un individu qui se trouvait là.

» Quelques minutes après, le roi passa; mais il n'était » pas placé à ma fantaisie et de manière à ce que je pusse » l'atteindre, ce qui m'empêcha de le mettre en joue.

» Dès-lors je me rendis chez moi pour y déposer ma canne, » et fus au café, où je fis une partie de billard avec Can» vri. Je le quittai en refusant de faire *la belle*, parce que » l'heure me pressait. Je fus reprendre ma canne et me di» rigeai vers les Tuileries, en prenant le nouveau pont, où » je changeai une pièce de deux sous; on me rendit un sou, » et, comme je ne voulais pas déboutonner ma redingote » pour réunir ce sou aux vingt-deux que j'avais dans mon » gilet, parce que je craignais de faire tomber mon poi» gnard, je plaçai ce sou dans la poche de ma redingote, où » il aura été trouvé.

» Arrivé sur la place du Carrousel, je vis que le roi n'é» tait pas parti; je le jugeai au nombre des voitures qui sta» tionnaient encore dans la cour et aux gens de livrée qui » se trouvaient aux portes. Alors je liai conversation avec le » garde national qui était de faction à la grille de l'arc de » triomphe. Je lui parlai du monument, et restai assez long» temps avec lui, environ une demi-heure. Quand je vis les » voitures du roi déboucher de la rue Saint-Thomas-du» Louvre, je quittai le factionnaire et fus me mettre à l'en» droit où j'ai été saisi. »

Une perquisition fut faite au domicile d'Alibaud; elle y fit découvrir un petit paquet de poudre, quelques ouvrages insignifians, le premier volume des *Martyrs*, et enfin un exemplaires des *Œuvres de Saint-Just.*

Une observation digne de remarque, c'est que ce dernier ouvrage fut également prêté par Pépin à Fieschi.

L'étrange coïncidence qui a fait commettre le crime le jour et dans le moment où le sergent Devisme commandait aux Tuileries le poste de la garde nationale, devait nécessairement préoccuper les esprits. Devisme était le fabricant de cette arme perfide et prohibée; il l'avait remise lui-même à l'assassin, il l'avait essayée avec lui; n'en aurait-il pas préparé et facilité l'usage parricide? Mais les recherches les plus exactes nous ont démontré que cette coïncidence ne tenait qu'à une de ces combinaisons inexplicables du hasard. On dirait que la Providence a voulu que l'auteur du forfait fût aussitôt reconnu et signalé!

Alibaud n'avait pas aperçu Devisme dans la cour des Tuileries; il s'était entretenu, en attendant les voitures du roi, avec le factionnaire placé près de l'arc de triomphe, ainsi que le constate la déposition de ce garde national. Des renseignemens dignes de confiance établissent que Devisme est dévoué au roi et à sa famille; aucun soupçon de complicité ne saurait l'atteindre.

Les débats de cette affaire s'ouvrirent le 8 mai 1836; plusieurs incidens fort remarquables ont signalé le cours de ce procès, que l'évidence du crime dont se glorifiait l'accusé devait rendre sans doute fort peu long, mais pour la durée duquel la Cour des Pairs semblait avoir adopté d'avance, et sur les observations des avocats, et sur le sort du prévenu, un système de refus tout rédigé dans leur esprit, une décision absolue toute formulée et invariablement arrêtée.

Au moment où l'interrogatoire d'Alibaud allait commencer, Mᵉ Chales Ledru, l'un de ses défenseurs, se lève et donne lecture des conclusions préjudicielles suivantes :

« Plaira à la Cour,

» Attendu qu'aux termes de l'art. 6 de la loi du 9 septembre 1835, le réquisitoire et l'ordonnance à l'accusé, indication du jour de l'audience, doivent être signifiés au prévenu dix jours au moins avant l'ouverture des débats, par un huissier que le président de la Cour commettra;

» Que cette procédure est une procédure d'urgence, extraordinaire et de droit étroit;

» Que l'arrêt de la Cour des Pairs rendu contre Alibaud a été rendu le 2 juillet et signifié le même jour;

» Que l'acte d'accusation n'a été signifié à l'accusé que le 3 juillet.

» Que le délai fixé par la loi du 9 septembre 1835 n'a donc pas été observé;

» Renvoyer l'affaire à tel jour qu'il plaira à la Cour de fixer. »

M. le procurenr-général a combattu ces conclusions par les argumens suivans : que la loi du 9 septembre 1835, qui était invoquée, avait été faite pour les tribunaux ordinaires, et que la Cour des Pairs n'était pas astreinte à exécuter les délais de forme établis pour les tribunaux ordinaires.

Il rapporte, en effet, qu'avant la loi du 9 septembre 1835 aucun individu accusé d'un crime ne pouvait être traduit devant la cour d'assises avant que la chambre d'accusation n'eût examiné les charges et n'eût décidé qu'il y avait lieu à renvoyer devant le jury.

Mais que la loi du 9 septembre ayant donné au ministère public la faculté de saisir directement la cour d'assises après une première instruction, sans que l'affaire eût été soumise à la chambre d'accusation, il fallait alors un contre-poids à la justice publique et une garantie pour la défense, il fallait un délai accordé par la loi à l'accusé ; ce délai fut de dix jours entre la citation donnée à l'accusé et le jour de sa comparution devant la cour d'assises; que la Cour des Pairs, étant saisie comme chambre d'accusation de la question de savoir s'il y avait ou non charges suffisantes contre l'accusé, avait prononcé comme chambre d'accusation, et qu'ainsi toutes les garanties avaient été données à l'accusé.

Il conclut à ce qu'il soit procédé immédiatement aux débats.

Me Charles Ledru réplique, et objecte qu'après un travail consciencieux de jour et de nuit, depuis l'instant où il a été chargé de l'affaire, il lui a été impossible de connaître toutes les pièces de l'instruction;

Qu'à l'instant même Alibaud venait de lui remettre dix-sept dépositions sur lesquelles il n'avait pu encore jeter les yeux; que ce qu'il demandait était que l'on s'en tînt au moins à la loi rigoureuse de septembre 1835, qui, contrairement à ce que pensait M. le procureur-général, a établi, dit-il, une procédure tout-à-fait extraordinaire, une procédure d'urgence, une procédure nouvelle qui est de droit étroit, et devant laquelle toutes les juridictions doivent nécessairement s'arrêter.

» En effet, ajoute-il, que dit la loi du 9 septembre? Pourquoi une assignation directe? Pourquoi un délai de dix jours, sans arrêt de renvoi et sans acte d'accusation? Eh bien! c'est parce que la loi de septembre a établi une procédure d'urgence, parce qu'au lieu de jouir des délais ordinaires, l'accusé n'a que dix jours pour se préparer.

» Vous argumentez d'une loi antérieure, qui a été détruite par une loi postérieure. Hé bien! Messieurs, je fais un dilemme auquel M. le procureur-général ne répondra pas. Ou c'est la loi postérieure que vous invoquez, et ce délai est de dix jours; ou c'est la loi antérieure, et nous avons un délai encore plus grand. Ce n'est pas trop, dans une accusation capitale, d'admettre un délai de dix jours, pendant lequel l'accusé et ses conseils pourront examiner les charges. »

« Après une réplique de M. le procureur-général et une réplique nouvelle de Me Charles Ledru, la Cour ordonne qu'il en sera délibéré. Après une heure et demie de délibération:

« La Cour, vu les conclusions prises par le défenseur,

ouï M. le procureur-général en son réquisitoire, et le défenseur en ses observations, et après en avoir délibéré;

» Attendu que la loi du 9 septembre 1835 est uniquement relative à la citation devant la cour d'assises;

» Attendu que l'art. 287 du Code d'instruction criminelle, qui fixe un délai pour l'ouverture des débats après la mise en accusation, n'est pas applicable à la Cour des Pairs;

» Attendu que le délai accordé à l'accusé est suffisant dans les circonstances présentes, ordonne qu'il soit passé outre aux débats. »

Le reste de la première audience a été employé à l'audition des témoins.

Le lendemain, après le réquisitoire de M. le procureur-général, Me Charles Ledru se lève et prononce pour Alibaud une plaidoirie pleine de convenance, de logique, et de dignité, et dans laquelle, s'abstenant de toute réflexion sur les passions politiques qui ont poussé Alibaud vers le crime qu'il a commis, il s'efforce de jeter quelque intérêt sur différens traits de sa vie, pleins d'énergie, de courage et de générosité, et de réhabiliter, pour l'honneur de son père et de sa famille, la réputation des antécédens d'Alibaud, que l'accusation avait pesés avec trop de rigueur. Il termine en proposant la clémence comme moyen de détourner à l'avenir les projets des régicides, et s'appuie de l'exemple d'Auguste, qu'il a puisé dans Corneille.

. . . . « Encore un mot, Messieurs, je ne veux rien avoir de caché pour vous. Cette nuit, dans le trouble qui m'agite depuis que cette terrible affaire m'a été confiée, ne sachant que dire pour cet homme, voyant partout des abîmes devant moi, je jetai les yeux sur ce livre, je l'ouvris...... c'était Corneille, le grand Corneille, à qui je demandais conseil dans le silence du trouble de mes veilles.

» J'y vis, Messieurs, qu'un jour Auguste avait découvert la conspiration de Cinna, de Cinna comblé de ses bienfaits.

« Tu veux m'assassiner, demain, au Capitole,
» Pendant le sacrifice, et ta main pour signal
» Me doit, au lieu d'encens, donner le coup fatal! »

» Voilà les paroles d'Auguste.

» Auguste était victime et juge! il fut clément.... Depuis lors le poignard des meurtriers ne rechercha plus sa poitrine.

» Messieurs, soyez clémens envers Alibaud.... c'est la politique la plus sûre. »

Alibaud se lève, déroule un manuscrit et commence d'un ton ferme la lecture d'un discours dans lequel sont répandus quelques passages d'une âpreté remarquable, et qu'il fait saillir par de retentissantes inflexions de voix; dans ces passages qui ne manquent pas d'une certaine éloquence, peut-être un peu sauvage et acerbe, il exalte ses doctrines républicaines, et prend à partie la justice, le gouvernement, les pairs, le président, le procureur-général, les ministres et le roi. En voici quelques fragmens :

« Si le roi est tout, c'est donc de lui que vient le mal, me dis-je. C'est pourquoi, détestant le mal, c'est-à-dire la tyrannie, les massacres qui ont déshonoré Paris, puis ensuite les sanglantes exécutions de Lyon, je résolus de couper le mal dans sa racine, et de venger en même temps cette brave Pologne, dont l'assassin ne figure pas ici, Messieurs les Pairs. Loin de là, M. le procureur-général ferait volontiers son éloge, car ce magistrat, qui n'aime pas les assassins des rois, pardonne sans doute aux assassins des peuples.

» Il est, dans la nature, des hommes qui s'élèvent contre la domination, l'injustice et l'arbitraire. Le droit des hommes contre la tyrannie est personnel.

» Lorsqu'un prince viole les constitutions du pays, et qu'il se met au-dessus des lois, les hommes ne sont pas obligés, mais ils sont forcés d'obéir. Alors, on repousse la force par la force.

» J'avais, à l'égard de Philippe Ier, le même droit que celui dont usa Brutus contre César. (Violente interruption.)

» Lorsque j'ai attaqué le roi, il était défendu par plus de soldats que n'en eut Napoléon pour reconquérir son trône.

» Le roi gouvernant est responsable de tous les actes qui émanent du pouvoir; le roi mettant Paris en état de siége, se met dans le même cas qui a fait condamner, par la chambre des pairs, l'ex-ministre Polignac.

» Le régicide est le droit de l'homme qui ne peut obtenir justice que par ses mains. » (Violens murmures sur les bancs de la pairie.)

Le président, après avoir consulté du regard l'assemblée, dit : « Je ne puis vous laisser continuer un pareil langage. Asseyez-vous. »

Alibaud, d'une voix émue. — Vous demandez ma tête, c'est à moi de la défendre! (Il reste debout en arrêtant son regard sur le visage du président. Les gendarmes prennent Alibaud par le bras et le force à s'asseoir.)

Alibaud se rassied, plie son papier, le tend à Me Ledru, et lui dit : — Me Ledru, je vous confie ce manuscrit.

Le président vivement. — Me Ledru, vous ne pouvez conserver ce papier; il faut le remettre au greffe.

Me Ledru. — Je le reçois, M. le président; il m'est confié.

Le président. — Vous ne pouvez pas le garder, c'est une pièce du procès.

Me Ledru. — La Cour peut s'en rapporter à ma discrétion.

Le président. — Remettez-le au greffier.

Me Ledru, après quelque hésitation, remet le papier à M. Sajou, chef des huissiers, qui le porte au greffier. Celui-ci le cache aussitôt dans le dossier.

Me Auguste Bonjour, deuxième défenseur de l'accusé, se lève et prend la parole.

« Je ne puis, Messieurs, dit-il, laisser délibérer la Cour sous l'impression de paroles aussi véhémentes que celles qu'elle vient d'entendre de la bouche de l'accusé; qu'il me soit permis d'en effacer la sonorité trop funeste par d'autres paroles moins amères et plus amies de lui-même. C'est dans des considérations puisées en dehors de la politique que je veux tracer le cercle de ma plaidoirie.... » Alibaud se lève aussitôt, frappe sur l'épaule de Me Bonjour. «Ah! je vous comprends, M. l'avocat, vous voulez demander pour moi grâce et pitié; mais, moi, je ne veux inspirer d'autre sentiment que l'estime ou la haine.

Me Bonjour se rassied aussitôt (1).

Après la dernière réplique de M. l'avocat-général, M. le président demande à Alibaud s'il a quelque chose à ajouter qui ne soit pas l'apologie du régicide et de l'assassinat. Le manuscrit est remis aux mains d'Alibaud; mais à peine a-t-il recommencé quelques lignes qu'un sourd murmure se fait entendre sur les bancs de Messieurs les Pairs, et couvrent la voix d'Alibaud. Alibaud élève la voix plus haut. J'ai voulu, s'écrie-t-il, remonter à la source de mes malheurs; je l'ai trouvé en grande partie dans le roi qui gouverne la France. (Les murmures redoublent de tous côtés, de tous côtés on entend Messieurs les pairs s'écrier : Assez! assez! c'est encore pire! Plusieurs se lèvent pour engager le président à lui retirer la parole.)

---

(1) Il est impossible de décrire l'agitation ou la chambre se trouvait alors, et l'exaltation qu'avait laissée dans l'esprit d'Alibaud la lecture de son manuscrit. Je me penchai vers lui et lui dis à demi voix : « Malheureux jeune homme, l'amour-propre vous égare et vous perd! Au nom du ciel! au nom de votre famille, laissez-moi apaiser l'irritation que vous venez de causer à la Cour; laissez-moi me jeter entre vous et l'échafaud.—Ce serait me faire tort, me répondit-il vivement, c'est l'échafaud seul qui me va; laissez-moi mourir.» Ses lèvres étaient pâles et se contractaient, tout son corps éprouvait un tremblement convulsif; un huissier lui apporta un verre d'eau. Je n'insistai pas davantage et ne repris point la parole.

Le président. — Il est impossible de tolérer plus longtemps un pareil langage! Accusé, taisez-vous!

Alibaud s'efforce de dominer les murmures par sa voix, et s'écrie encore plus fort : « La corruption dans ceux qui » veulent gouverner les hommes est le plus grand fléau de » l'humanité. »

Un huissier lui retire son manuscrit; trois gardes municipaux l'entraînent de dessus son banc et le reconduisent en prison. La Cour se retire et une heure après rentre en audience. Le président prononce la condamnation à mort.

Mon confrère et intime ami Charles Ledru s'était chargé de la défense principale. Je ne devais plaider que sur les incidens des débats; les moyens que j'allais présenter pour Alibaud concernaient les intérêts du souverain et du pays autant que ceux de l'accusé; je les dois au public, je les dois à mon pays,

Je retrace ici, d'après mes notes d'audience, les réflexions que j'avais à produire devant la Cour.

« Dans les formes de la justice ordinaire, Messieurs, il est un principe sage, tutélaire et de droit commun, que le juge qui a reçu quelque offense de la partie peut être récusé par elle, de peur que le souvenir de l'injure n'altère cette grande et parfaite liberté de conscience qu'exige la mission si grave de juger les hommes. Je ne récuserai point votre ministère, Messieurs les Pairs, mais je vous dirai : Alibeau vient de faire entendre à vos oreilles un langage empreint, sans doute, de quelque rudesse et d'aigreur; il a jeté dans vos esprits une de ces irritations involontaires, dont toute la puissance de la modération humaine n'est pas toujours maîtresse; abstenez-vous de juger dans un moment de trouble et de colère, de peur que votre sentence ne porte l'empreinte des émotions de votre âme; ne délibérez pas encore; attendez que quelques paroles réparatrices aient dissipé le souvenir des premières impressions instantanées. Vous avez paru offensés de la contenance haute et inflexible qu'Alibaud a conservée devant vous dans le cours de ces débats; et moi, Messieurs, qui, en présence de cette imposante réunion de juges sénateurs, devant tous ces fronts glorieux, dont chacun révèle à la pensée une illustration du peuple, de la diplomatie ou de l'armée, j'éprouve je ne sais quel ébranlement inaccoutumé qui m'exalte et m'élève, je m'étonnerais si Alibaud se fût laissé tomber à une attitude défaillante et énervée. Ici, l'homme le plus faible, le plus enclin à l'humiliation, puiserait dans tous les caractères de cette magistrature si brillante de splendeur, dans cette atmosphère de majesté qui l'environne et le saisit de toutes parts, les élémens de l'énergie dont l'âme a besoin pour soutenir une solennité pareille. Mais si je m'énorgueillis d'être appelé, sur l'indication et le choix de l'amitié, à l'honneur de porter devant vous la parole, et de partager une défense si grave, si laborieuse, et pour laquelle de si courts instans ont été mesurés à mon confrère, oh! combien mes regrets sont poignans et douloureux! combien, pour la sécurité du trône, je déplore que tant de magnificence et d'appareil soient déployés pour ces grands criminels par qui le salut de l'état et la vie du souverain seraient mis en périls; je déplore qu'il faille la réunion de ce qu'il y a de plus illustre dans le royaume pour juger celui qui aura tenté contre la stabilité de ce royaume les plus terribles atteintes. Être introduit dans cette enceinte, s'asseoir en face de vous sur une estrade érigée tout exprès, se mêler, à quelque titre que ce soit, au milieu de vous, y remplir un rôle, être interrogé par vous, choisir pour vous répondre de plus dignes paroles; je vous le demande, Messieurs les Pairs, pour des cerveaux disposés à l'exaltation et avides d'une célébrité quelconque, comme le sont tous ceux des régicides, tant de luxe, tant d'apprêts, tant d'honneurs, n'est-ce rien qui soit digne d'envie? N'y vois-je pas déjà une première récompense des grands coups qu'il faut frapper pour y prétendre et les mériter, un exemple d'encouragement traditionnel de tête en tête? C'est un théâtre où le parricide aspire à représenter avec avantage, un piédestal sur lequel il veut poser avec soin, et du point de mire duquel il sait que ses paroles, son maintien, ses gestes, le son de sa voix, les détails de son habillement, religieusement recueillis, vont passer à la publicité. Je pousse ma pensée jusqu'aux derniers développemens, Messieurs; vous allez juger si elle était fondée. L'homme naturellement doué d'énergie, que les impressions agitent vivement, s'indigne de la médiocrité, et se laisse entraîner à toutes les séductions d'une gloire fantastique, sous quelque forme qu'elle lui apparaisse; si à cette fièvre de célébrité vient encore se joindre l'aveugle enthousiasme d'une religion politique; si les inquiétudes continuelles de l'esprit finissent par laisser infiltrer dans l'âme de cet homme le dégoût de tout ce qui n'est point sa chimère, et le frappent, lui, propre à tous les travaux, d'une insurmontable incapacité d'en exercer aucun, oh! ne vous étonnez plus si, poussé à bout par l'irritation d'une misère qu'il n'est plus en lui de secouer, excité par les ruminations intimes d'une pensée qu'il appelle sa conviction, et qu'il croit sa conscience, il ne balance plus un seul instant entre le supplice d'une végétation douloureuse et ignorée, et quelque crime éclatant par lequel il sortira de la vie avec tout l'appareil, en quelque sorte triomphal, que vous préparez pour lui seul; alors vous aurez Alibaud. Alibaud a plus de cent fois, avant son crime, entretenu sa pensée de cette grande solennité d'une audience de la Cour des Pairs; il a long-temps réfléchi à l'honneur d'y comparaître; il s'est maintes fois contemplé assis, en espérance, à cette place qu'il a conquise en réalité aujourd'hui. Fieschi, l'infâme, le grotesque, le grossier Fieschi avait fait, composé, répété un discours hérissé des plus étranges et de plus ridicules expressions. Alibaud plus lettré, plus instruit, composera aussi un discours, prononcera ce discours devant les pairs de France, qui l'écouteront; son discours sera plus relevé que celui de Fieschi. Me trompé-je, Messieurs ? Alibaud, à peine arrêté, est jeté dans le cachot où fut enfermé Fieschi; sa première réflexion est celle-ci : *Que cet homme était bête avec ces grandes paroles! Vous verrez si je ne fais pas mieux que lui!* A sa première entrevue avec le président de la Cour des Pairs : *M. Pasquier*, dit-il, *il y a bien long-temps que je m'occupe de vous, et que je pensais que j'aurais à vous voir.* Le greffier transcrit ses réponses, et lui donne la plume pour les signer; son premier, son plus grand soin est de corriger les formes, les expressions, les tours : *Un instant*, dit-il, *la justice prend son temps, je veux avoir le mien; comme tout cela sera imprimé et livré à la publicité, je veux que tout le monde me juge.* Eh bien! maintenant, mon raisonnement est-il juste? Tous les projets d'Alibaud ont été soutenus par cette perspective d'une grande représentation judiciaire. L'espoir de comparaître devant la Cour des Pairs, de prononcer un discours devant la Cour des Pairs, réclame la plus grande part de l'accomplissement de son crime et lui a fait risquer sa vie. Tant d'extravagans la risqueraient tous les jours pour des illusions plus vaines, plus fragiles encore!

La décision de deux cents, dira-t-on, est plus ferme, plus infaillible que celle de douze. Il est moins facile de circonvenir deux cents juges que douze. Sans doute, mais la force de la conscience est indivisible et ne se multiplie pas; elle est tout entière dans un homme de probité comme dans deux cents autres d'une probité également inviolable. Des jurés ne savent absoudre que sous l'influence du doute, vous absoudriez de même. Dans l'incertitude, oseriez-vous condamner? Quel jury oserait déclarer innocent l'homme que l'évidence écrase de tout son poids, le criminel saisi sur le lieu, à l'instant même du forfait qu'il avoue et dont il se glorifie.

Ces réflexions, ce n'est point à moi peut-être à les produire, à moi, avocat qui ne dois aussi l'honneur de plaider dans votre prétoire suprême qu'aux dispositions de la charte qui vous constituent en tribunal criminel. Pourquoi donc? Un avocat ne doit-il pas le tribut de toutes ses opinions à son pays? ne doit-il pas préférer les intérêts de son pays aux intérêts mêmes de sa profession? Je n'hésite pas à le dire: c'est l'art. 28 de la charte qui transforme la Chambre des pairs en Cour de Justice pour connaître des forfaits commis contre l'état et la personne du souverain, qui veut que les régicides ne puissent être jugés que par vous; c'est l'art. 28 de la charte qui a innocemment concouru à la détermination d'Alibaud.

Le punirez-vous tout entier d'un crime dont l'inspiration occasionelle n'est pas tout entière la sienne? Oui, vous devez le punir! oui, le sang veut un châtiment, non une récompense! Alibaud vous demande à grands cris la mort : *Nemo auditur perire volens;* n'écoutez pas ses vœux, refusez-lui la mort, forcez-le de vivre. Pour un conspirateur, il y a de l'avénir dans la mort, il est une espérance au-delà de l'exécution. Alibaud vous l'a dit : *Un conspirateur réussit ou meurt!* Alternative égale : s'il ne réussit pas à frapper, il réussit à mourir. Pour Alibaud, qu'est-ce que la mort? qu'est-ce que la peine de mort à l'imagination de ce fanatique? Une palme de martyr! L'échafaud? le marche-pied de sa gloire! En politique, il y a vraiment quelque chose de dangereux à trancher une pareille tête, une tête aussi froidement délirante. Je réfléchis, depuis deux jours, sur cet étrange parricide. L'apostolat de sa résolution me glace d'effroi, car je n'y vois pas même de jactance. Le malheureux! je l'ai compris! Hier nous l'avons tous entendu avec un frisson de stupeur; il a dit : Je n'avais pas besoin d'emploi, je n'avais plus besoin de pain que pour vivre jusqu'au jour où j'aurais frappé le roi. Il n'avait pas mesuré juste, car, depuis plusieurs jours le pain lui avait manqué. Il y a dans ces froides révélations le cachet des prévoyances les plus sinistres dont se préoccupait son esprit, le calcul d'un cerveau qui a long-temps fermenté dans la solitude et les privations, et qui s'est familiarisé à loisir avec toutes les idées du néant. Maintenant, que peut faire la mort sur lui? Ah! c'est bien à lui qu'il faut l'infliger comme une peine. Il y a long-temps qu'il a compté sur elle, qu'il s'est entretenu seul à seul avec elle dans ses rêveuses promenades, qu'il a échangé avec elle les secrets les plus intimes, et qu'il lui a fait la promesse d'une tête auguste ou de la sienne. C'est un rendez-vous pour tel jour qu'il a pris avec elle, une parole d'honneur qu'il lui a donnée; il a fait serment de n'y pas manquer. Eh! parmi vous, Messieurs, à part le déshonneur de l'échafaud, combien n'en est-il pas qui se sont rencontrés en face de cette mort des champs de bataille, qui est de même la mort, et n'ont pas fléchi devant son image; et vous vous étonneriez qu'Alibaud, six ans soldat sous les drapeaux français, à l'aspect de vos uniformes, de vos épées, et, plus encore, de vos fronts cicatrisés qui témoignent de votre mépris pour tant de périls; vous vous étonneriez qu'Alibaud, invité à la fermeté par tant d'images guerrières, ne parût pas s'émouvoir devant une condamnation à mort! Ce serait son inflexibilité, sa raideur, si vous voulez, qui rendraient votre décision plus rigoureuse! Non, l'humiliation et une attitude suppliante en face de vous, ce n'est pas son rôle; il aspire aux honneurs d'un trépas solennel, et veut, a-t-il dit, utiliser son trépas dans l'intérêt des peuples. Il veut que le sacrifice de son sang appelle et enfante des imitateurs autour de la fatale machine; Eh bien! non. Il a commis un grand crime! Tous ses jours vous appartiennent et ne sont plus à lui; enchaînez tous ses jours, condamnez-le au supplice de vivre, et nous ne verrons plus de rejetons sortir du sol arrosé par le sang des régicides.

ATTENTAT CONTRE LA VIE DU ROI

PAR MEUNIER.

(*Auguste Bonjour.*)

Six mois s'étaient écoulés à peine dépuis que les voûtes des Tuileries avaient retenti de l'explosion d'une arme dirigée sur la personne du roi, au sortir de son palais; les souvenirs du dernier régicide étaient déjà emportés par l'oubli, lorsqu'une tentative renouvelée presque à la même place, vint apprendre à la capitale que l'acharnement s'éteint moins vite au cœur des meurtriers que la mémoire de leurs forfaits et de leurs noms dans l'esprit du peuple. Le 28 décembre, le roi, accompagné des ducs d'Orléans, de Nemours et de Joinville, sortit à une heure du château, se rendit à la Chambre des députés pour présider à l'ouverture solennelle des travaux législatifs. A droite de sa voiture, précédée par un détachement de cavalerie, se trouvaient le comte Lobau à cheval, le général Delort à la portière de gauche, et à quelques pas de là M. le duc Trévise, fils du maréchal; le commandant Dumas et le capitaine de génie Liadières; les gardes nationaux et les soldats de la ligne, rangés sur deux files, formaient la double haie sur le passage du cortége, lorsque, près de la première guérite de la terrasse du bord de l'eau, un coup de feu, parti d'un groupe formé derrière le porte-drapeau de la deuxième légion, fut tiré sur le roi à l'instant où il sortait la tête de la portière pour rendre le salut au drapeau. Le roi ne fut point blessé. La balle, dont le trajet révèle une direction donnée par une main fort exercée et fort habile, ne rencontra néanmoins personne; elle passa entre l'étroit espace qui séparait alors le comte Lobau du roi dont elle frisa la poitrine, entra dans la voiture par la portière sur laquelle Sa Majesté était appuyée, brisa une glace de devant, entre la joue droite de M. le duc de Nemours et la tête de M. le prince de Joinville, et se perdit dans les coussins du siége du cocher. M. le duc d'Orléans eut une oreille déchirée par des éclats de la glace. Quelques fragmens de verre entrèrent dans la joue de M. le duc de Nemours.

Le roi sortit de nouveau la tête et la moitié du corps hors de la portière, et fit signe au peuple que personne n'avait été blessé. Le cortége continua sa marche.

La reine et les jeunes princesses attendaient dans la tribune royale l'arrivée du roi à la chambre. Un officier fut détaché promptement vers elles, et leur annonça la nouvelle du danger auquel le roi et ses fils venaient d'échapper. L'anxiété la plus vive éclata sur les visages de cette noble famille, à qui semble être réservé le triste privilége de la première et de la plus violente part dans nos douleurs publiques. Ce bruit se répandit bientôt dans toute la salle, qu'il remplit d'agitation et d'inquiétude jusqu'à l'instant où le roi apparut avec ses fils. Tout à coup les cris *Vive le roi! vivent les princes! vive la famille royale!* partis à la fois des bancs des députés, des bancs des pairs de France, et des tribunes publiques, retentirent dans toute la salle. Les députés et les pairs agitaient leurs mains et leurs chapeaux, et témoignaient au nom de la France entière, par les plus expressives démonstrations de joie et d'attachement pour le souverain, leur profonde horreur pour cette faction de scélérats qui, malgré l'indignation qu'ils inspirent au peuple partout où le crime signale leur présence, persistent dans leurs exécrables projets, dont le germe et l'instinc tn'appartiennent qu'à eux seuls.

Le roi prononça son discours avec son calme et sa dignité habituels, et ne put s'abstenir de quelques douloureuses inflexions de voix comprises et senties dans l'auditoire, à la lecture de plusieurs passages empreints de félicité et de reconnaissance royale qui contrastaient si amèrement avec l'attentat auquel il venait d'échapper quelques minutes auparavant.

Lorsque le roi sortit de la chambre des députés, les acclamations redoublèrent avec une effusion plus grande encore; il eût fallu que toute la France pût assister à cette grande scène de famille. La présence de ce roi, entouré de ces fils qui venaient de partager le même péril que leur père, et dont deux portaient encore sur leurs joues et leurs habits quelques gouttes de ce sang qu'au premier appel ils seraient prêts à verser avec plus d'abondance au milieu de nous, et pour nous; ces gracieuses filles de roi, l'orgueil de nos fêtes royales, soumises si jeunes à l'apprentissage de tant d'émotions terribles, mêlant leurs larmes de tendresse à celles de leur mère, et leurs actions de grâces publiques aux transports de joie des représentans de la France; tout élevait l'âme, tout pénétrait le cœur d'un noble et religieux attendrissement; jamais Louis-Philippe ne fut accueilli à la chambre avec de plus éclatans témoignages de dévouement et d'amour. Les ambassadeurs de toutes les puissances, les nombreux représentans des alliés de la France, qui se trouvaient à cette solennité, purent juger par eux-mêmes de l'aversion du peuple français pour cette poignée de sicaires que rien n'émeut, que rien ne désarme, et qui veulent à tout prix tremper leurs mains dans le sang de leur souverain, et plonger leur nation dans le deuil et le désordre.

L'assassin, après une lutte violente avec celui qui l'avait saisi, fut terrassé, arrêté et soustrait promptement à l'indignation du peuple, qui voulait en faire justice. Conduit au poste du drapeau, il fut interrogé aussitôt par un jeune substitut du procureur-général, M. Nouguier, qui se trouvait à quelques pas de là sur le chemin du cortége, et s'était hâté de se rendre aussi au poste pour verbaliser sur l'attentat. Il ne put obtenir du meurtrier ni son nom, ni aucune indication personnelle. L'assassin souriait avec un rire de stupidité et d'abrutissement à toutes les questions qui lui étaient adressées. On le déshabilla; une plaie affreuse (la gale) couvrait une partie de son corps. Il portait deux chemises dont il avait eu le soin de couper les marques, et des chaussettes dont les marques étaient également coupées. On trouva dans ses vêtemens deux pipes, quelques morceaux de tuyaux de pipe en terre blanche, et du tabac dans un papier.

Le lendemain, son nom fut découvert d'une manière assez singulière. M. Barré, respectable négociant, conçut, à la lecture du journal, les plus horribles soupçons. Il se rendit dans le cabinet de M. Zangiacomi, lui fit part de ses inquiétudes, et lui dit : « Si le signalement que j'ai lu dans la *Gazette des Tribunaux* est exact, cet homme est mon neveu, et se nomme Meunier. M. Barré fut aussitôt conduit à la Conciergerie; son pressentiment n'était que trop fondé.

A la vue de ce malheureux pour lequel il avait toujours témoigné la tendresse d'un bon père, M. Barré se sent défaillir; ses larmes coulent; on l'assied sur un banc. Meunier, témoin de la douleur de cet oncle dont il avait reçu tant de soins depuis son enfance, ne peut plus comprimer son émotion. M. Barré, revenu à lui-même, lui représente l'énormité de son crime, les conséquences terribles qui le menacent, le deuil et la honte dans lesquels il plonge toute sa famille. Meunier pâlit, tremble et manifeste le plus profond abattement. Ce premier moment passé, il reprend son attitude insouciante, et répond nonchalamment qu'il ne se repent aucunement de son crime.

Meunier est un jeune homme de vingt-trois ans, et était employé dans une maison de roulage, aux appointemens de mille francs. Il simula d'abord dans sa prison quelques atteintes de démence, et voulait prendre sur la table sa nourriture avec ses dents; mais une fois reconnu, il quitta ce rôle de folie à laquelle il voulait faire croire, et subit ses nombreux interrogatoires, tantôt avec fermeté et résignation, tantôt avec une faiblesse à travers laquelle éclataient quelques saccades d'impatience et d'emportement.

Les bruits les plus déplorables, les plus attristans pour l'humanité, ont circulé depuis : on a parlé d'une association à mort! d'un tirage de régicides par numéros! Serait-il possible que de nos jours, où rien de cruel ne se manifeste dans nos mœurs, il se fût rencontré plusieurs hommes tombés dans un tel état de dégradation morale et d'abrutissement, qu'ils se fussent entendus et ligués pour entreprendre de gaîté de cœur, chacun à son tour, une aussi exécrable mission? Il y aurait, dans cette intelligence meurtrière, dans cette odieuse confraternité de scélérats qui auraient délibéré et conclu un pareil traité de sang, une de ces monstruosités devant lesquelles l'esprit, plus encore que l'âme, reste immobile de confusion et d'incrédulité. Quoi! ce que l'homme le plus effronté enferme avec le plus de discrétion et de ténacité dans les derniers replis de sa pensée; ce secret si lourd, qu'il craint de le communiquer à trois, à deux confidens, à un seul; ce fardeau intime qu'il traîne partout avec tant de patience et de circonspection, le projet d'un assassinat, serait devenu pour dix, quinze, vingt hommes dépravés, chose tellement naturelle, tellement ordinaire et simple, qu'ils l'auraient organisé en un système d'entreprise, régularisé en une opération aléatoire maudite, où les chances de la vie du roi devraient infailliblement s'épuiser sous le nombre des assassins numérotés par le sort. Oh! non, la nature n'a pas permis que tant d'harmonie, une si parfaite union, pussent exister dans le cerveau de plusieurs hommes pour la destruction d'un homme, d'un souverain!

Concevrait-on qu'il pût exister une réunion d'hommes assez pervertis, assez en dehors des impressions de la société et de la nature, pour tirer au sort à qui viendra, chacun à son tour, faire feu sur la personne du roi, avec autant de tranquillité que, dans un estaminet, des joueurs groupés autour d'un billard tirent au sort leur bille pour faire une poule, aussi joyeusement que, dans une fête de hameau, chaque villageois, le nœud de rubans au chapeau, le bouquet à la boutonnière, se présente pour prendre son rang et tirer aux prix de la cible?

Oh! s'il était malheureusement vrai qu'elle existât cette exécrable loterie de sang royal, il faudrait désespérer du siècle qui l'aurait vu s'établir, de la société tout entière, dont la faiblesse et la désorganisation auraient encouragé l'asssociation de pareils monstres. Puissent mes incrédules répugnances ne pas être démenties!

Ces propos ont été tenus; infamie et malédiction à la bouche qui les a tenus! Mais, dit-on, ils n'ont été tenus que par quelques étourdis, légèrement, par gloriole, et pour se donner un vernis d'importance! Un vernis d'importance! Quel serait donc l'auditoire assez lâche et assez immoral, l'assemblée assez abjecte pour accueillir par ses suffrages une aussi méprisable forfanterie?

Je conçois la jactance du soldat avantageux aspirant à l'importance par le récit d'une forteresse prise d'assaut par lui-même, à la tête de trois hommes; d'un enfant, d'une jeune fille qu'il a sauvés des flots en se précipitant du haut d'un rocher dans un abîme de cent pieds de profondeur; d'une famlle entière arrachée à la mort, dans un désert, par le sacrifice de son dernier pain de munition; mais venir avec un sourire de satisfaction et de confiance, en se frottant les mains, d'un air jovial, se vanter d'avoir tiré au sort la commission fétide d'assassiner un homme! oh! je doute qu'en France il existe beaucoup d'auditeurs devant qui l'on risquerait impunément une vanterie aussi dégoûtante.

Il y a, néanmoins, dans l'invention et la propagation de semblables menaces un but bien horrible, le but de décourager et d'intimider les esprits faibles par la pensée de l'impossibilité de protéger, à l'avenir, la vie du roi en face de cette série fantastique ou réelle de meurtriers déterminés à prendre successivement *le coup de pistolet à faire;* le but d'apprivoiser le peuple à l'effroi du régicide, et de l'accoutumer à contempler un pareil crime comme un événement si familier, que les âmes les plus vertueuses et les plus incorruptibles n'en soient plus révoltées; le but, enfin, de diminuer l'énormité du forfait par la supputation des criminels qui le partagent, d'émousser notre indignation et notre sensibilité, et que cette tolérance régicide se nationalise pour ainsi dire avec nos habitudes journalières. Tel est le germe de pervertissement et de dissolution que ces sociétés de scélérats s'efforcent d'implanter dans l'organisation morale.

Un enseignement populaire terrible, aussi fréquemment répété que leurs crimes, et qui attaque directement et au vif les sentimens qu'ils prétextent, devrait pourtant les guérir à toujours de leur fureur assassine et de leur manie de régicide. Quelques minutes après l'explosion, Fieschi est arrêté; le peuple se précipite sur lui, sur les soldats qui le tiennent, veut l'arracher de leurs mains et l'immoler à sa fureur; l'escorte est renforcée, les flots du peuple, plus irrité, se grossissent, et ce n'est qu'avec les plus grandes peines et en criant au milieu des vociférations vengeresses : *Laissez-le, laissez-le, il appartient à la justice,* que la garde parvient à sauver ce monstre du danger d'être mis en pièces sur la place. Un agent de police, vêtu en bourgeois, poursuivait Fieschi de toit en toit, de fenêtre en fenêtre. Si près du théâtre du crime, il est pris pour un complice et signalé à l'indignation générale; il ne parvient aussi à regagner, sous la sauve-garde d'un peloton de soldats, le poste où il est reconnu que les vêtemens en lambeaux et le corps tout meurtri de coups.

Alibaud, placé à l'instant de son crime dans l'intérieur des Tuileries, presque à la porte du poste et à côté des sentinelles, ne fut pas en contact avec le peuple.

Meunier, désarmé tout-à-coup et terrassé par un bourgeois avec lequel une lutte vigoureuse s'était engagée, fut assailli en peu d'instans par le peuple, et ne dut son salut qu'à la force armée, assez nombreuse en ce moment pour le protéger contre l'indignation des masses qui menaçaient de l'assommer et de jeter son cadavre à la rivière.

Quoi! ces généreux libérateurs des nations, ces bienfaiteurs de la société, ces sauveurs du peuple, ne se dégoûtent pas de voir ce même peuple dont ils embrassent la cause avec tant de dévouement, donner à leurs opinions un si sanglant démenti, accueillir par d'aussi ardentes antipathies leurs étranges bienfaits d'office, et payer le fanatique sacrifice de leur vie par d'aussi promptes et d'aussi énergiques démonstrations d'ingratitude!

DÉCOUVERTE
D'UN
NOUVEAU PROJET D'ATTENTAT
CONTRE LA VIE DU ROI
ET
D'UNE NOUVELLE MACHINE INFERNALE.

(*Auguste Bonjour.*)

C'est au fond du plus obscur galetas, dans une des maisons les plus dégoûtantes de la plus ignoble rue de Paris, qu'un ouvrier mécanicien travaillait à la construction d'une machine infernale d'un nouveau genre, qui devait, à coup sûr cette fois, priver la France de son souverain et plonger tout le pays dans la plus douloureuse consternation.

Depuis quinze jours environ les premiers indices avaient été fournis à l'autorité par une lettre anonyme qui révélait un projet d'attentat contre la vie du roi, sans indiquer les auteurs ni donner d'autres renseignemens. M. le préfet de police parvint enfin, à force d'activité et d'intelligence, à découvrir toutes les ramifications de ce nouveau complot. Le timbre du bureau indiquait le quartier d'où la lettre était partie; le quartier une fois connu, il fallut faire les plus laborieuses recherches pour obtenir des confrontations d'écritures; on arriva à découvrir que la lettre anonyme avait été tracée par un vieillard, ancien fripier, demeurant rue de la Mortellerie, n° 38, à qui les travaux nocturnes d'un mécanicien, son voisin, homme d'une opinion fort exaltée contre le roi, avaient paru suspects, et dont les soupçons s'étaient fortifiés depuis par quelques paroles échappées à sa servante, qui était la maîtresse de cet ouvrier. Lorsque l'on se rendit chez ce vieillard, oppressé par la crainte de l'inefficacité de ses avertisssemens trop vagues, il adressait au roi une seconde lettre, dans laquelle il hasardait quelques détails plus significatifs.

Le 20 février dernier, vers cinq heures du matin, le commissaire de police Vassal, assisté de son frère, officier de paix, et de plusieurs agens de police, se présentèrent au domicile de cet ouvrier, nommé Champion, pour y faire les perquisitions les plus minutieuses.

Voici ce que rapporte la *Gazette des Tribunaux.*

« A la vue du commissaire de police et de ses agens, un » tremblement nerveux s'est emparé de Champion, et il » s'est trouvé dans un tel état qu'il a demandé un moment » pour se remettre avant de répondre aux questions qu'on » lui adressait. Mais M. Vassal crut devoir commencer im- » médiatement ses perquisitions.

» Après d'inutiles recherches dans le logement de Cham- » pion, M. le commissaire de police a visité les étages su- » périeurs et le grenier. C'est là, dans un coin obscur, qu'a » été trouvée une machine à demi confectionnée, qui devait » servir aux funestes projets de Champion.

» Cette machine a la forme d'une petite commode, d'une » espèce de jouet d'enfant, de sept à huit pouces de large » sur trois à quatre pouces de profondeur. A la place des » trois rangs de tiroirs se trouvent trois compartimens dis- » tincts qui embrassent toute l'étendue de cette espèce de » commode.

» Sur la première ligne on voit la place de sept petits » canons de pistolets dirigés horizontalement ; la seconde » ligne n'en comporte que six, dont la direction est obli- » quée à droite : au troisième rang les canons sont obli- » qués à gauche.

» Voici, à ce qu'il paraît, le moyen imaginé pour déter- » miner l'explosion. L'auteur de la machine devait établir » une batterie qui pût, à l'aide d'une corde, communiquer » le feu à tous les canons, en commençant par le premier » rang, puis aux deux autres, par une traînée de poudre » qui devait aller de droite à gauche, et qui devait être » combinée de telle sorte que l'explosion de tous les canons » ne se fît pas simultanément : les canons devaient éclater » l'un après l'autre, afin que ceux inclinés obliquement à » droite et à gauche pussent couvrir une plus grande éten- » due de terrain, et frapper la victime qui aurait échappé » à la ligne horizontale.

» C'est ainsi, assure-t-on, que Champion a lui-même » expliqué le plan qu'il avait conçu pour faire manœuvrer » sa machine; car, après quelque hésitation, il a fini par » tout avouer dans les plus grands détails : ses aveux étaient » accompagnés des injures les plus graves contre la per- » sonne du roi.

» Champion a ensuite expliqué de quelle façon il voulait » employer cette machine.

» Il devait prendre une voiture à bras, la remplir de » meubles, et simuler un déménagement ; la machine de- » vait y être placée à une hauteur de 5 ou 6 pieds, et cou- » verte d'un matelas afin de n'être pas aperçue. Un

» commissionnaire, le premier venu, a-t-il dit, aurait conduit la voiture sur la route de Neuilly, non loin de l'endroit où passe la voiture du roi. Au moment du passage de S. M., Champion aurait déterminé l'explosion en faisant jouer la batterie au moyen d'une ficelle.

» Après la perquisition faite dans son domicile, Champion a été conduit au dépôt de la Préfecture et mis au secret sous la surveillance d'un gardien spécial.

» Pendant toute la matinée, il a manifesté la plus vive agitation ; il exprimait hautement et à plusieurs reprises le regret de n'avoir point accompli son projet.

» Son surveillant, qui entrait fréquemment dans sa cellule et l'observait en outre à chaque instant par le guichet, essaya de calmer son irritation. Champion s'écria : Laissez-moi! j'irai en place Saint-Jacques; mais si l'on ne m'avait pas arrêté, je n'aurais pas du moins manqué mon coup; j'aurais mieux combiné mon affaire que Fieschi, et j'aurais réussi, moi!

» Il était alors six heures ; le surveillant sortit peu d'instans après et revint au bout de quelques minutes; il trouva Champion suspendu à un barrreau de la fenêtre à l'aide de sa cravate. Pour exécuter son projet, Champion était monté sur son lit, qu'il avait repoussé ensuite avec ses pieds, de manière à ce que le poids de son corps amenât immédiatement la strangulation.

» Le surveillant s'empressa de le détacher, et appela le directeur et les autres employés de la prison. Malgré tous les efforts des assistans, malgré les soins d'un médecin qui arriva aussitôt, il fut impossible de rappeler Champion à la vie.

» L'instruction, qui déjà dans la journée avait été poursuivie avec activité, a mis, dit-on, la police à même de saisir ceux qni ont pu participer aux projets de Champion.

» Depuis plusieurs jours, Champion, qui se trouvait fré-

» quemment en état d'ivresse, disait à ses amis : J'irai un » jour à la place Saint-Jacques... Je verrai la place Saint-Jacques. (On sait que c'est là le lieu des exécutions capitales.)

» La fille Saget, maîtresse de Champion, a été immédiatement arrêtée et mise au secret. Il paraît que souvent cette fille disait les jours précédens, en parlant de lui : Si je voulais me venger, je pourrais dire bien des choses contre lui. »

Au moment de son arrestation il a dit : « C'est fini, je » suis perdu! N'importe, il me reste encore assez de cheveux » pour que le bourreau puisse montrer ma tête au peuple. » Il a ajouté qu'il n'avait qu'un regret, c'était de n'avoir pu mettre à exécution son projet de faire sauter Louis-Philippe ; que, du reste, il n'en manquerait pas après lui.

Champion était un homme de 45 ans. Son corps a été transporté à la Morgue ; il était tout couvert de tatouages bizarres, et portait les plus singulières inscriptions. Ces mots : « J'aime Flavie pour la vie » étaient écrits en lettres rouges et bleues sur la région de l'abdomen, et au-dessous deux épées croisées ; sur son bras droit, un soldat renversant un cavalier d'un coup de bayonnette, avec cette inscription : « Porto, 29 septembre 1832. » Il avait en effet servi en Portugal, à cette époque, dans l'armée de Don Pedro ; sur son bras gauche, un amour avec un carquois et une flèche.

Ainsi Champion, trouvant encore trop d'imperfection, trop d'inefficacité dans les meurtrières combinaisons de Fieschi, composait une machine bien plus fidèle, et qui devait lancer la mort en face, à droite, à gauche, et balayer de près et de loin toutes les personnes qui se seraient rencontrées à portés de pistolets de guerre dans ces trois directions.

Si la main d'un seul homme travaillait à cette invention dans ce taudis abject, ce n'était pas à un homme seul qu'appartenait la préméditation du désastre épouvantable qui allait bientôt se commettre au milieu de nous. Plusieurs individus ont été arrêtés comme accusés d'avoir trempé dans cet odieux projet. Les papiers saisis chez Champion et chez un de ses complices prouvent qu'ils entretenaient des rapports avec des sociétés secrètes.

Champion avait la réputation d'un très-mauvais citoyen ; il avait subit une détention préventive de 3 ou 4 mois, à l'occasion des émeutes qui éclatèrent lors du procès des ministres ; depuis il avait été encore arrêté deux fois, et en dernier lieu pour tentative de meurtre. Et voici à quels hommes serait livré le pays, par quels hommes la France serait administrée!

Que dirai-je de ce monstre? Je croyais que Fieschi avait été l'être unique sur lequel devaient s'épuiser toutes les imprécations de la publique colère, toute l'énergie de l'indignation humaine, et je croyais les avoir épuisées. Malheureuse France! Je me suis trompé! Honte! honte à ces infernales créatures qui traduisent notre siècle au banc de l'histoire, notre pays au banc de l'univers civilisé!

Un meurtrier qui surpasse Fieschi en atrocité! Un assassin plus largement exterminateur que Fieschi! Un sacrificateur de plus de victimes en aussi peu de temps que Fieschi! Oh! l'infâme perfectibilité de la rage des ennemis du roi est montée à son dernier apogée; la conservation du roi n'est plus, par image, la conservation des citoyens ; ce n'est plus une ingénieuse fiction d'alliance entre le souverain et le peuple; les tigres sont parvenus à matérialiser cette communauté d'intérêts et de crainte, ce partage de frayeur et de précautions. Maintenant il y va de la vie du souverain comme de la nôtre. Nous devons nous garer, pour notre propre compte, des meurtriers du roi comme de ces bêtes carnassières à la gueule toujours béante et ensanglantée, qu'aucune proie ne peut assouvir, et qui déchirent indistinctement tout ce qui se rencontre sur leur passage.

Eh bien! puisque rien ne peut contenir ces forcenés, il devient inutile de fatiguer nos législateurs par des projets de lois de circonstance, inutile de chercher à rendre la nation solidaire, et de lui faire supporter le poids de mesures douloureuses et vainement préservatrices. Point de lois préventives, point de lois d'exception, point de lois de surveillance mutuelle; vos lois, ils bondissent à pieds joints par-dessus; vos supplices, ils les affrontent en fumant une pipe qui leur sert de contenance, ou les évitent en se donnant la mort dans les prisons. Par la menace de quelle peine effraierez-vous l'homme qui, déterminé à périr, ira devant dix mille baïonnettes se faire mutiler par le peuple, écraser sous les pieds des chevaux, sous les roues de la voiture royale, pour assouvir sa rage frénétique et tirer sur le roi? Non, ne déflorez point nos constitutions; c'est à nous, dont les poitrines sont menacées des mêmes coups, de nous serrer si étroitement autour du trône que le bras d'un assassin ne puisse trouver passage au milieu de nos rangs.

Que veulent-ils donc ces fanatiques altérés de sang royal? Renverser nos constitutions? Ils n'y parviendront pas : nous sommes encore plus dévoués à la monarchie qu'ils ne le sont au crime. Et leur nombre? Oh! j'en appelle à l'honneur national; ils ne compteraient pas plus, épars au milieu de nous, qu'une poignée de sable jetée sur les bords de l'Océan. Que veulent-ils donc? De la renommée! de la gloire! Infamie, haussemens d'épaules, dérision et insouciance, voilà les seuls hommages, les seules couronnes que le peuple leur décerne. Que veulent-ils donc? Du désordre et du pillage! Nos baïonnettes sont là toutes prêtes pour les débusquer de place en place. Que veulent-ils donc? La mort seule, disent-ils! Eh bien! puisqu'ils ont tous la ressource d'un poignard caché pour eux sous leurs vêtemens, crime pour crime, que ne se frappent-ils auparavant, ils n'en commettrait qu'un, du moins.

S'ils réussissaient, qu'espèreraient-ils donc pour eux? Empire, royaume, république, confédération. Quel régime, en France, appellerait un assassin aux fonctions publiques, même les plus minimes? Quel régime l'indemniserait de sa férocité? Il obtiendrait peut-être la vie, la liberté ou l'impunité. Que serait-il donc? Jamais autre chose parmi nous qu'un scélérat et un meurtrier! Effacerait-il de son front et de ses mains ces ineffaçables souillures de sang incrustées par l'assassinat d'un homme? Quel titre usurperait-il dans la société qui ne fût pas couvert jusqu'à son dernier jour par le titre de parricide?

Chez presque tous ces criminels, qui n'ont montré de leurs attentats d'autres regrets que de ne pas les avoir consommés, un regret pourtant arraché, par la nature, que leur perversité n'avait point étouffée entièrement dans leurs entrailles, s'est manifesté à leurs derniers instans; chacun d'eux a dit: *J'aurais pu, cependant, être bon époux, bon père de famille, au lieu de mourir sur l'échafaud comme je vais le faire.* Eh bien! libres et impunis après la réussite de leur coup, s'imaginent-ils qu'ils rencontreraient dans l'univers une famille, une femme, que leurs rugissemens d'amour ne feraient point frissonner, reculer d'horreur et d'épouvante, à moins d'aller, dans les ténèbres des cachots, solliciter à genoux l'alliance de la dernière des prostituées? Ah! sans doute, les brigands des environs de Naples et de Terracine ont une femme, une famille aussi! Où vivent-ils? Dans l'épaisseur des forêts ou le creux des rochers. L'assassin commercerait-il parmi nous? Obtiendrait-il des secours pour vivre, un asile environné de paix? Non; chacun insulterait sa demeure, fuirait sa présence, se détournerait à sa rencontre; et, pour comble d'humiliation et d'amertume, à défaut de remords, ceux qui auraient encouragé son audace, applaudi au succès de son bras, et se seraient élevés et enrichis par son forfait, seraient les premiers à le faire renverser par le pied de leurs valets du haut de l'escalier de leurs somptueux hôtels. Voila l'unique avenir de l'assassin!

Que tous les régicides s'en pénètrent bien et le comprennent, il n'y en a pas d'autre pour eux.

Que dirai-je donc de Champion? Il s'est pendu; il a compris au moins, l'homme vil, que les fanfaronnades de l'échafaud n'obtiendraient pas grâce pour sa mémoire, même aux yeux des habitués de ce spectacle. Il a compris qu'il y avait plus que la mort sous la hache de la justice publique, qu'il y avait aussi de la honte et de l'infamie pour le front du meurtrier.

En moins de huit mois, deux attentats sur la personne du roi et la découverte d'une machine plus infernale que celle de Fieschi! Que diront de nous les nations européennes, les peuples policés des autres parties du monde? Que diront de nous les peuplades rouges, noires, cuivrées, basanées des torrides archipels? Que diront de notre civilisation ces barbares et belliqueuses tribus des forêts de l'Océanie, qui font griller les entrailles de leurs prisonniers de guerre, dansent en rond autour du brasier sanglant où s'apprête ce dégoûtant festin de chair humaine, et professent la vénération la plus religieuse pour l'homme qu'elles appellent leur roi, qui ne meurt jamais que la zagaie à la main au milieu des combats, ou de décrépitude sur son lit de feuilles sèches? Que diront-ils de nos tentatives régicides, ces sauvages naturels des déserts, qui, après la mort de leur roi, font retentir leurs cahutes de leurs longs hurlemens de deuil, se meurtrissent le corps, se roulent sur des cailloux, et creusent sur tous leurs membres de profondes entailles? Oh! je gémis, sans doute, sur de si déplorables, de si bizarres démonstrations de douleurs publiques, qui chez eux, pourtant, n'ont rien d'hypocrite, rien d'officiel. Je suis loin de partager leur stupide aveuglement. Mais que feront-ils à l'aspect des couleurs de nos pavillons visiteurs? Au lieu de s'empresser, à notre arrivée, de nous conduire vers leurs chefs, d'échanger les curiosités de leurs climats contre quelques vieux lambeaux de nos vêtemens, ils se cacheront en embuscade, et, au débarquement, ils fondront sur nous de toutes parts, en s'écriant dans leur langage : Mort ! mort aux habitans du pays des assassins de rois ! ils viennent égorger le nôtre !

www.ingramcontent.com/pod-product-compliance
Ingram Content Group UK Ltd.
Pitfield, Milton Keynes, MK11 3LW, UK
UKHW022022170726
13837UKWH00001B/337

9 782329 492711